DEBUT D'UNE SERIE DE DOCUMENTS EN COULEUR

ŒUVRES INÉDITES
DE
VICTOR HUGO

TOUTE LA LYRE

TOME SECOND

PARIS
G. CHARPENTIER ET Cie, ÉDITEURS
11, RUE DE GRENELLE, 11

1889

BIBLIOTHÈQUE-CHARPENTIER
11, RUE DE GRENELLE, PARIS

Collection de volumes in-18 à 3 fr. 50

ŒUVRES INÉDITES DE VICTOR HUGO

CHOSES VUES

UN VOLUME

THÉATRE EN LIBERTÉ

UN VOLUME

LA FIN DE SATAN

UN VOLUME

Imprimeries réunies, A, rue Mignon, 2, Paris — 1513.

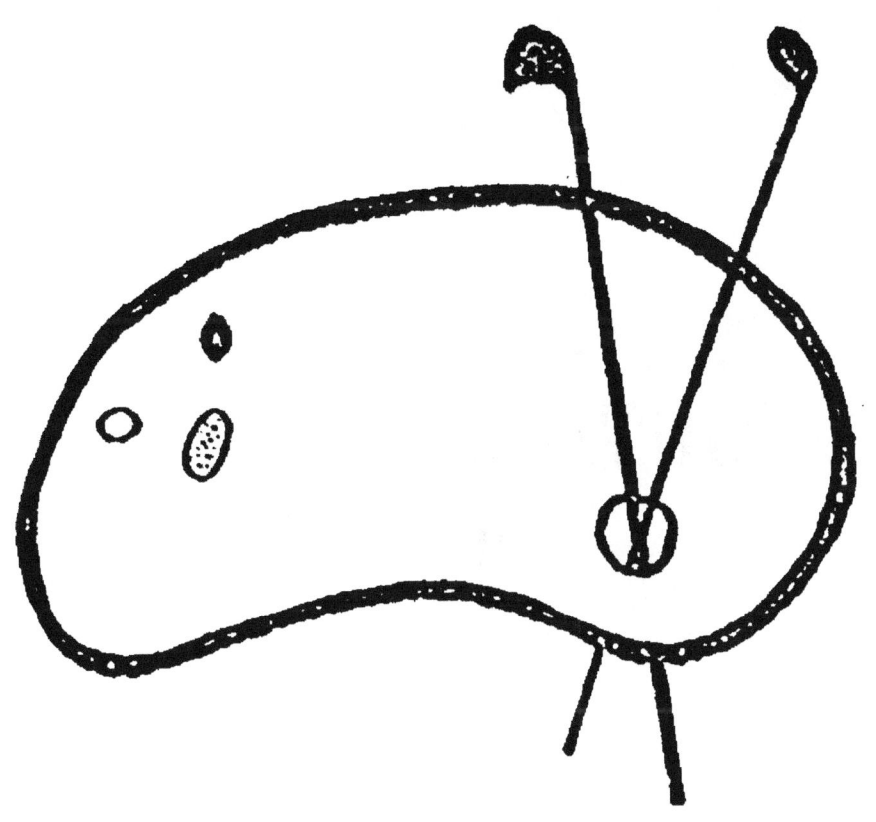

FIN D'UNE SERIE DE DOCUMENTS
EN COULEUR

TOUTE LA LYRE

II

BIBLIOTHÈQUE CHARPENTIER

à 3 fr. 50 le volume

ŒUVRES INÉDITES DE VICTOR HUGO

EN VENTE :

CHOSES VUES

THÉATRE EN LIBERTÉ

LA FIN DE SATAN

15711. — Imprimeries réunies, A, rue Mignon, 2, Paris.

ŒUVRES INÉDITES
DE
VICTOR HUGO

TOUTE LA LYRE

II

PARIS
G. CHARPENTIER ET Cie, ÉDITEURS
11, RUE DE GRENELLE, 11

1889

Tous droits réservés.

V

I

A LOUIS B.

Non, je n'ai point changé. Tu te plains à tort, frère.
Hélas! quoique le ciel parfois nous soit contraire,
Quoique nous n'ayons rien, ici, qui soit à nous,
Quoique dans nos travaux, rudes et pourtant doux,
Le sort jaloux souvent vienne et nous interrompe,
Non, je n'ai point changé, Louis; ton cœur se trompe.
Je suis l'homme pensif que j'ai toujours été.
Contemplant la nature, adorant la beauté,
Fait d'admiration, d'étude et de prière,
Prosterné devant l'ombre et devant la lumière,
J'ai, créé pour souffrir et vivre par l'amour,
Deux musiques en moi qui chantent tour à tour;
Dans la tête un orchestre et dans l'âme une lyre.
Cette création que je tâche de lire,

Avec ses univers, ses lueurs, ses splendeurs,
Remuant mon cerveau jusqu'en ses profondeurs,
En fait en même temps vibrer toutes les fibres.
Je veux les peuples grands, je veux les hommes libres ;
Je rêve pour la femme un avenir meilleur.
Incliné sur le pauvre et sur le travailleur,
Je leur suis fraternel du fond de ma pensée ;
Comment guider la foule orageuse et pressée,
Comment donner au droit plus de base et d'ampleur,
Comment faire ici-bas décroître la douleur,
La faim, le dur labeur, le mal et la misère,
Toutes ces questions me tiennent dans leur serre.
Et puis, quoique songeur, aisément réjoui,
Je me sens tout à coup le cœur épanoui
Si, dans mon cercle étroit, j'ai, par une parole,
Par quelque fantaisie inattendue et folle,
Fait naître autour de moi, le soir, au coin du feu,
Ce rire des enfants qui fait sourire Dieu.
Ainsi tu m'as connu ; je suis toujours le même.
Aujourd'hui seulement, attristant ceux que j'aime,
Le deuil monte parfois à mon front douloureux ;
Je reste moins longtemps au milieu des heureux,
Et dans mes yeux, souvent fixés hors de ce monde,
Le sourire est plus pâle et l'ombre est plus profonde.

11 octobre 1846.

II

La France, ô mes enfants, reine aux tours fleuronnées,
Posait, sous l'empereur que votre aïeul suivait,
Le bras droit sur le Rhin, le gauche aux Pyrénées,
Et ses pieds et sa tête avaient, ô destinées !
L'Océan pour lion, les Alpes pour chevet ;

Austerlitz, Iéna, Friedland, météores,
Rayonnaient ; un seul homme enflammait tous les yeux ;
Sa gloire, grandissant à toutes les aurores,
Se composait du bruit des trompettes sonores
    Et des tambours joyeux ;

Et l'Europe voyait briller, vaincue et fière,
Dans ce camp, d'où sortaient la guerre et ses terreurs,

Autour de cette France en tous lieux la première,
Comme des moucherons autour d'une lumière,
Un groupe humilié de rois et d'empereurs.

Ces choses se passaient quand mon âme innocente
S'ouvrait, comme la vôtre, au soleil réchauffant ;
Le léopard anglais rôdait, gueule béante ;
Paris était debout, la France était géante,
   Lorsque j'étais enfant ;

Lorsque j'étais enfant, envié par les mères,
Libre dans les jardins et libre dans les bois,
Et que je m'amusais, errant près des chaumières,
A prendre des bourdons dans les roses trémières
En fermant brusquement la fleur avec mes doigts.

  Bois d'Andernach-sur-le-Rhin, 12 septembre 1840.

III

A UNE RELIGIEUSE

Dans vos dévotions, que comprend ma pensée,
Ne vous détournez pas comme une âme blessée,
Sainte fille du ciel ! oh non ! je n'ai pas ri.
Mon cœur d'un Dieu rêveur de tout temps fut l'abri.
Et ce que je vénère avant tout dans ce monde
C'est l'homme raison calme et passion profonde,
Qui fait la part de tout, à toute heure, en tout lieu,
Debout devant le sort, à genoux devant Dieu.
Voyez-vous, je suis né sous des regards austères,
Et ma joie ingénue en de graves mystères
A souvent regardé sans risée et sans peur.
La belle enfance, ainsi qu'une blanche vapeur,
Toujours dans notre esprit reparaît et surnage;
Et moi, je m'en souviens, jouant dans mon jeune âge

Avec mon frère Eugène, avec mon frère Abel,
Mêlant ma voix aux leurs, innocente Babel,
Tout petit, j'ai rempli de chansons enfantines
Le saint cloître où jadis priaient les Feuillantines.

25 juin 1837.

IV

L'autre jour, ami cher, ami de vingt années,
Tandis qu'en vos pensers, rêvant des jours meilleurs,
Vous sondiez de l'état les hautes destinées,
Je regardais jouer vos enfants dans les fleurs.

Inégales par l'âge, également aimées,
L'aînée à la dernière avec amour sourit.
Trois filles ! êtres purs ! âmes au bien formées
Que pénètre un rayon de votre grand esprit !

La rosée inondait les fleurs à peine écloses ;
Elles jouaient, riant de leur rire sans fiel.

Deux choses ici-bas vont bien avec les roses,
Le rire des enfants et les larmes du ciel.

Beaux fronts où tout est joie et qui n'ont rien de sombre !
Oh ! je les contemplais, le cœur de pleurs gonflé,
Moi qui vis désormais l'œil fixé sur une ombre,
Moi qui cherche partout mon doux ange envolé !

Devant votre bonheur j'oubliais ma souffrance ;
Je priais, d'un esprit paisible et raffermi ;
Mon deuil recommandait à Dieu votre espérance,
Et du fond de mon cœur je vous disais : — Ami,

Soyez toujours heureux dans ces têtes si chères !
Que chaque jour qui passe ajoute à leur beauté !
Voyez sur votre seuil en proie aux soins austères
S'épanouir leur grâce et leur sérénité.

Dieu vous doit ce bonheur ! car dans notre nuit noire
Ces êtres si charmants nous consolent parfois ;
Car vous vous détournez du bruit de votre gloire
Pour écouter, pensif, l'heureux bruit de leur voix.

Aimé dans le foyer, admiré de la foule,
Esprit profond, lutteur aux discours triomphants,
Passant du juste au vrai, votre destin s'écoule
Entre les grands travaux et les petits enfants.

Oh! quand de noirs soucis vos heures sont ternies,
Regardez, regardez cet avenir si doux,
Ces trois fronts rayonnants, ces trois aubes bénies
Qui se lèvent dans l'ombre, ô père, autour de vous!

Septembre 1841.

V

A OL

Tu vivais autrefois penché sur la nature,
O rêveur! ton esprit, sans changer de posture,
Se penche maintenant sur les événements.

Déjà des temps futurs les noirs linéaments
Pour ta prunelle fixe et claire sont visibles.
Souriant vaguement aux rencontres possibles,
Tu marches devant toi dans la nuit. Crainte, espoir,
Que t'importe? tu vas où tu vois le devoir.
Si l'on creuse à tes pas des pièges, tu l'ignores.
Parmi ces hommes fous et vainement sonores,

Grave, triste, et rempli de l'avenir lointain,
Tu caches ou tu dis les choses du destin ;
Car le ciel rayonnant te fit naître, ô poète,
De l'Apollon chanteur et de l'Isis muette.

17 novembre 1819.

VI

A UN ENFANT

Quoique je sois de ceux qui se sont autrefois
Penchés sur ton berceau plein de la jeune voix,
Tu commences, enfant, à ne plus me connaître.
Je ne suis rien pour toi qu'un étranger, un être
Évanoui, perdu dans de noirs lendemains,
Un voyageur dont l'ombre est sur d'autres chemins,
Quelqu'un qu'on vit jadis, avant les jours funèbres,
Lorsqu'on était petit, passer dans les ténèbres;
Tu ne songes pas plus à moi qu'au moucheron
Qui volait tout à l'heure en sonnant du clairon.
A la balle perdue, à la lampe soufflée,
Pas plus qu'à ce parfum d'herbe et de giroflée
Qu'avril mêle à l'aurore et qui dure un moment;
Tu m'as laissé tomber de ton esprit gaîment
Comme un cahier fini tout noirci de grimoire.
Tu fais bien.

Nous avons, hélas! plus de mémoire,
Enfants, nous qui, vivant pendant que vous naissez,
Lisons vos avenirs écrits dans nos passés;
Votre sort nous émeut, et bien souvent nous sommes
Rêveurs, nous grands enfants, devant vous, petits hommes.

Aussi, vois-tu, du fond des mornes horizons,
Je viens à toi, jeune âme, et je te dis : causons.

Pose un moment ta plume et ferme ta grammaire,
Écoute; te voilà grandissant, et ta mère
Est debout près de toi comme un gardien des cieux,
Seule et veuve, et livrée aux vents capricieux,
En proie aux souffles noirs qui n'épargnent personne,
Elle étend sur ton front son aile qui frissonne,
Et veille; la colombe a peur pour le roseau.
Car le sort menaçant nous tient dès le berceau;
Qu'on soit un petit prince ou bien un petit pâtre,
Nul n'échappe au destin; son ongle opiniâtre
Se mêle à nos cheveux et nous traîne effarés.

Oh! fixe ton regard sur ses yeux adorés!
Ici-bas c'est ta mère et là-haut c'est ton ange.
Cette femme a subi plus d'une épreuve étrange;
Enfant, c'est toi qui dois l'en consoler; retiens
Que, touchante à nos yeux, elle est sacrée aux tiens;
La nature la fit reine, et le sort martyre.
Qui la voit pleurer sent un charme qui l'attire.
Hélas! l'ombre d'hier assombrit aujourd'hui.
Elle accepte, stoïque et simple, l'âpre ennui,

L'isolement, l'affront dont un sot nous lapide,
La haine des méchants, cette meule stupide
Qui broie un diamant ainsi qu'un grain de mil,
Et toutes les douleurs, contre-coup de l'exil.

Oh! l'exil! il est triste, il s'en va, grave et morne,
Traînant un deuil sans fin dans l'espace sans borne,
Et, sur le dur chemin qui vers l'ombre descend,
Sans cesse on voit tomber goutte à goutte le sang
Des racines du cœur qui pendent arrachées!

Le malheur, c'est le feu dans les branches séchées.
Il dévore, joyeux, nos jours évanouis.

Naguère elle brillait aux regards éblouis
Pareille au mois de mai qu'un zéphyr tiède effleure;
Naguère elle brillait, maintenant elle pleure.
Ce rayon n'a duré que le temps d'un éclair.

Mais la pensée auguste habite son œil fier;
Mais le malheur qui, même en nous frappant, nous venge,
A mis des ailes d'aigle à ses épaules d'ange.
Dieu, caché dans la nuit de cet être souffrant,
Brille et fait resplendir son sourcil transparent,
L'albâtre laisse voir la lumière immortelle,
Son front luit.

      Toi, son fils, tressaille devant elle

Comme Gracchus enfant quand sa mère venait ;
Car elle est la clarté de ton aube qui naît.

Qu'importe que la foule ignore ou méconnaisse !
J'ai vu, moi, quand l'angoisse étreignait sa jeunesse,
Comment elle a souffert, comment elle a lutté,
Et j'ai dit dans mon cœur : Cette femme eût été
Archidamie à Sparte ou Cornélie à Rome.

Enfant, ressemble-lui si tu veux être un homme,
Car elle est brave ; car à l'abîme, au péril,
Son doux œil féminin jette un regard viril ;
Car c'est un ferme esprit, car c'est un vrai courage !
Jamais, sous le ciel bleu, jamais, devant l'orage,
Jamais, retiens cela, quoique tu sois petit,
Dans un plus noble sein plus grand cœur ne battit.

Elle est femme pourtant, et ses maux sont sans nombre.
Mais un profond azur emplit son esprit sombre.
Elle marche à travers la vie, âpre forêt,
Et regarde au delà des rameaux ; on dirait
Qu'elle cherche le mot d'une énigme dans l'ombre ;
Et puis elle s'incline ainsi qu'un mât qui sombre ;
Elle dit à l'espoir : va-t'en ! au souvenir :
Silence ! au jour qui meurt : hâte-toi de finir !
Car, conscience pure, elle est une âme triste.
Même en rêvant longtemps, sa tristesse persiste.
Le fiel du doute injuste est au fond de son cœur
Comme au fond d'un beau vase une amère liqueur.

C'est qu'elle a tant gémi dans ces lugubres voies
Où Dieu nous pousse avec nos douleurs et nos joies !
Une larme éternelle erre au bord de ses yeux... —
Oh ! courbons-nous devant ces fronts mystérieux
Qui, faibles et ployés, dans l'ombre où Dieu nous jette,
Semblent faits pour porter la souffrance muette,
Que le destin poursuit, le bourreau jamais las,
Que tous les maux sur terre et tous les deuils, hélas !
Couvrent de leur cilice, accablent de leurs voiles,
Et qu'attendent aux cieux des couronnes d'étoiles !

Aime-la ! porte-lui ton cœur chaque matin,
Ris ! — Réjouis cette âme à ton rire enfantin.
Sois le flot pur qui berce et caresse le cygne.
Quand elle parle, adore ; obéis sur un signe.
Sois son consolateur et sois son défenseur.
Que le mensonge vil, trompé dans sa noirceur,
Vienne apportant l'affront, te voie, et le remporte.
Qu'on te sente déjà veillant devant sa porte.
Si le sort m'eût donné, sainte et charmante loi,
Le grand devoir de fils qu'il te confie à toi,
Oh ! comme elle eût dormi sous ma garde fidèle,
Et, lion pour autrui, j'eusse été chien pour elle !
Sois bon, sois doux, sois tendre. Écarte de ta main,
Sous ses pieds délicats, les pierres du chemin.

Pour elle, ô pauvre enfant, tu donnerais, écoute,
Ton âme souffle à souffle et ton sang goutte à goutte,
De sa robe, à genoux, tu baiserais les plis,
Tu la contemplerais comme on contemple un lys.

Comme on contemple un ciel où se lève l'aurore,
Mains jointes, l'œil en pleurs, ce ne serait encore
Pour cet être au front pur, à qui tu dois le jour,
Pas assez de respect et pas assez d'amour!

Grave en ton jeune esprit, fils d'une noble femme,
Ces paroles qui sont comme l'adieu d'une âme;
Enfant, écoute-moi, pendant que je suis là.
Car l'œil qui luit s'éteint, la bouche qui parla
Se ferme; nous vivons le temps de disparaître.
Enfant, je te le dis, je suis de ceux peut-être
Qu'on ne reverra plus, tant ils sont dans la nuit.
Ils vont enveloppés d'un tourbillon de bruit,
Meurtris, blessés, les yeux pleins de clartés sereines.
L'ouragan monstrueux des fureurs et des haines,
Souffle qui vient d'en bas, courbe leur front pensif.
Leur âme vole, oiseau, de récif en récif.
Ils traversent le choc des diverses fortunes;
Et leur main se cramponne au marbre des tribunes,
Aux lois, à la patrie, aux colonnes du droit.
Plus le péril grandit, plus leur devoir s'accroît;
Du flot toujours plus noir leur foi sort plus robuste.
Ils luttent pour le bien, pour l'honneur, pour le juste,
Pour le beau, pour le vrai, laissant saigner leurs cœurs.
On dit : — Où s'en vont-ils? reviendront-ils vainqueurs ?
Est-ce l'adversité qui sera la plus forte ? —
Et cependant le vent sinistre les emporte;
Puis on les perd de vue; et, bien longtemps après,
On lit au bord des mers leur nom sous un cyprès.

22 décembre 1853.

VII

J'ai mené parfois dure vie,
Proscrit, errant de lieux en lieux,
Triste, et jetant un œil d'envie
Au sépulcre mystérieux.

J'ai fait à pied de longues routes,
Marchant la nuit, craignant les voix,
Plus rempli d'ombres et de doutes
Que la bête fauve des bois.

O vaincus des luttes civiles,
Malheur à vous ! rien ne vous sert.

J'ai le soir traversé des villes
Comme on traverse le désert.

Seul, comptant mon chétif pécule,
Loin de tous mes amis absents,
Je regardais, au crépuscule,
Aller et venir les passants.

L'eau des chemins mouillait mes guêtres.
Las, je tombais sur de vieux bancs.
Je regardais par les fenêtres
La gaîté des âtres flambants.

J'entendais rire sous le chaume
Les paysans à leur repas ;
Un étranger est un fantôme ;
Les murs ne le connaissent pas.

Comme Tullius fuyant Rome,
J'allais, ignorant où j'étais,
Accueilli par ceux que je nomme,
Repoussé par ceux que je tais.

La bise sifflait sur ma tête.
Je fuyais sans savoir comment,
Enveloppé de la tempête
Comme d'un sombre vêtement.

En guerre avec l'ombre où nous sommes,
Avec l'onde et le vent marin,
Avec le ciel, avec les hommes ;
En paix avec mon cœur serein.

Mon âme ouvrait ses yeux funèbres ;
Tout était noir, plus de ciel bleu ;
Mais je voyais dans ces ténèbres
La lointaine blancheur de Dieu.

Je me disais dans ma souffrance :
— Pleurer est bon, souffrir est beau. —
Car la porte de l'espérance
S'ouvre avec la clef du tombeau.

Autour de moi, troupes ailées,
Les strophes dont l'essaim me suit
Tourbillonnaient échevelées
Dans les souffles noirs de la nuit.

J'étais sûr, à travers mes peines,
Que j'étais un juste aux abois,
Et que les rochers et les chênes
Ne pouvaient point haïr ma voix.

Je parlais aux astres de flamme ;
Se taire ne sied qu'au maudit ;
Et je faisais chanter mon âme
Pour que la nature entendît.

Je ne sais pas quelles réponses
Les vents faisaient à mes chansons.
J'ai mangé les mûres des ronces
Et j'ai dormi sous les buissons.

11 octobre 1853. Jersey.

VIII

Un trop lourd projectile a peine à s'élever ;
Trop d'intervalle empêche un caillou d'arriver ;
Une sphère lapide en vain une autre sphère.
Sachez que le premier grimaud venu peut faire
Des mensonges abjects qui jusqu'au soir vivront,
Mais qu'il est malaisé de jeter un affront
Assez haut pour qu'il aille atteindre un honnête homme.
Un gueux se fait payer, il empoche la somme,
Puis calomnie. Eh bien, nul effet. Voyez-vous,
Celui qui se sent juste, et qui, sévère, est doux,
Qui n'a jamais fait mal qu'au mal, qui fut fidèle
A l'honneur comme l'est à son nid l'hirondelle,
Qui pour combattre et puis faire grâce a vécu,
Qui n'a jamais dit non à l'ennemi vaincu,

Qui veut tous les devoirs et ne veut aucun rôle,
Peut défier la haine ; et c'est pourquoi tel drôle,
Vil, fait pour les bas-fonds et non pour les sommets,
Qui m'insulte toujours, ne m'offense jamais.

IX

A DEUX ENNEMIS AMIS

Du bord des mers sans fond qui jamais ne pardonnent,
Du milieu des éclairs et des vents qui me donnent
Le spectacle effrayant de l'éternel courroux,
Je vous le crie : Amis ! réconciliez-vous.
Vous n'avez pas le droit de ne pas être frères.
Moi qui sais les fureurs du sort, les vents contraires,
Les chocs inattendus, les luttes sans pitié,
Je vous dis : Aimez-vous ! la solide amitié
Ceint d'un cercle d'acier l'homme, vase fragile.
Virgile aimait Horace, Horace aimait Virgile,
Au point qu'en cette Rome, où l'œil va les chercher,
On ne distinguait plus, en voyant se toucher
Leurs têtes dans la gloire intime et familière,
D'où venait le laurier et d'où venait le lierre.

Toi, n'es-tu pas celui qui, songeant, écrivant,
Cerveau monde où se meut tout un peuple vivant,
T'éclairant à ton gré du jour que tu préfères,
Du drame et du roman fais tes deux hémisphères?
Toi, n'es-tu pas celui qui va, monte, descend?
Ne tiens-tu pas ta plume, au vol éblouissant,
Qui touche à tous les temps, qui perce tous les voiles,
Et jette sur Paris un tourbillon d'étoiles?
Vous êtes deux noms chers qu'au monde nous offrons.
Les acclamations abondent sur vos fronts
Comme sur les palais s'abattent les colombes.
Dieu, qui pour vous créer, ouvrit deux grandes tombes,
Pour allumer vos cœurs fit jaillir un éclair
Sur l'un, de Diderot, sur l'autre, de Schiller;
Et maintenant chacun de vous, dans son domaine,
Éclaire un des côtés de la grande âme humaine.
Puisque vous êtes forts, amis, vous êtes doux.
Vous êtes à vous deux la lumière; aimez-vous.
Vos bouches sur les cœurs, sur les foules conquises,
Dévident l'écheveau des paroles exquises;
Liez-vous l'un à l'autre avec ces chaînes d'or.
L'éloquence est richesse et l'amitié trésor.
Le flot s'apaise ému, dès qu'il voit l'aube luire.
Voyez-vous seulement le temps de vous sourire,
Et vous vous comprendrez; vous le devez, étant
Ceux qui domptent le siècle, en régnant sur l'instant.
Revenons, tout le reste étant deuil ou chimère,
Aux cordialités titaniques d'Homère;
Apprenez à la foule, à qui manquent les dieux,
Et qui, dans son brouillard morne et fastidieux,

S'attriste et ne voit plus d'olympe qu'où vous êtes,
Ce que c'est que le rire éclatant des poètes.
Sur le char lumineux, soyez le couple ardent.
Oui, vous vous comprendrez rien qu'en vous regardant.
Si tout se comprenait, tout serait harmonie ;
Tout serait gloire, azur, splendeur, joie infinie,
Amour ; et le chaos n'est qu'un malentendu.

Dans ma nuit orageuse où je me sens mordu
Tantôt par la vipère et tantôt par l'hyène,
Laissez-moi me débattre avec la sombre haine,
C'est mon destin. Avant que mon front se courbât,
J'ai commencé tout jeune, hélas, ce noir combat.
Jacob lutte avec l'Ange et je lutte avec l'Ombre.
Ah ! je prends pour moi seul les maux, les deuils sans nombre.
Que je sois seul saignant, tous étant radieux !
Votre accord charmera mon cœur gonflé d'adieux,
Mon âme que le sort brise et qui reste entière,
Et peut-être fera couler la larme altière
Qui pend depuis trois ans suspendue à mon cil.
Donnez-moi ce bonheur au fond de mon exil,
Donnez-moi cette joie au fond de ma tempête,
De voir que rien ne manque à votre double fête,
De me dire : Ils sont là dans le rayonnement,
Lui, l'athlète invaincu, lui, le vainqueur charmant !
De m'éblouir de loin, moi, l'homme des ténèbres,
De vos enchantements chaque jour plus célèbres,
D'entendre les échos sans cesse vous grandir,
Et, par tous applaudis, vos deux noms s'applaudir.
Aimez-vous pour celui qui tous les deux vous aime.
Aimez-vous ! que l'envie en devienne plus blême.

3.

Jumeaux, redevenez frères à tous les yeux.
Et montrez que le jour, superbe, heureux, joyeux,
N'est pas sourd à la voix qui sort de la nuit sombre,
Montrez que les rayons veulent consoler l'ombre,
Vous que tout couronna, vous à qui tout sourit,
En mettant vos deux mains dans la main du proscrit.

21 décembre 1851.

X

DELPHINE GAY DE GIRARDIN

I

Elle s'est donc en allée,
Et se tait.
O noire voûte étoilée,
Rends-nous la grande âme ailée
Qui chantait !

Elle était de ceux qu'attire
Ma maison.
L'autre année elle y vint luire,
Et m'éclaira d'un sourire
L'horizon.

Paix à vous, bon cœur utile,
Beaux yeux clos,
Esprit splendide et fertile !
Elle aimait ma petite île,
Mes grands flots,

Ces champs de trèfle et de seigle,
Ce doux sol,
L'océan que l'astre règle,
Et mon noir rocher, où l'aigle
Prend son vol.

II

La vie à ces âmes fières
Ne plaît pas;
Car les vivants sont des pierres
Sur leurs fronts et des poussières
Sous leurs pas.

Dieu, c'est la nuit que tu sèmes
En créant
Les hommes, ces noirs problèmes ;

Nous sommes les masques blêmes
　　Du néant ;

Nous sommes l'algue et la houle,
　　O semeur !
Nous flottons ; le vent nous roule;
Toute notre œuvre s'écroule
　　En rumeur.

Le mal tient les foules viles
　　Dans ses nœuds ;
Multitudes puériles,
Nous faisons des bruits stériles
　　Ou haineux.

Nains errant sur des décombres,
　　Embryons,
Ébauches, fantômes, ombres,
Dans tes immensités sombres
　　Nous crions.

Dieu ! les hommes, têtes basses,
　　Yeux charnels,
Raillent l'abîme où tu passes,
Tes profondeurs, tes espaces
　　Éternels !

Ils crachent sur le grand voile
　　Du ciel bleu ;
Blâment tout, mer, barque et voile ;
Insultent l'ombre et l'étoile,
　　L'âme et Dieu !

Ils insultent l'aube pure,
　　L'air vital,
Le beau, le vrai, la nature,
Et cette sombre ouverture :
　　L'idéal.

Ils insultent l'invisible,
　　Le cyprès,
Le sort dont ils sont la cible,
L'onde, et le frisson terrible
　　Des forêts.

Ils insultent le pontife,
　　La lueur,
L'être, saint hiéroglyphe,
Et l'énigme sous la griffe,
　　Sphinx rêveur !

Leurs voix sont prostituées,
　　Jéhovah !
Quand l'aigle entend leurs huées,
Il regarde les nuées
　　Et s'en va !

III

O grande âme prisonnière,
Cœur martyr,
C'est l'aigle de ma tanière
Qui t'a montré la manière
De partir.

Pendant qu'assis sous les branches,
Nous pleurons,
Ame, tu souris, tu penches
Tes deux grandes ailes blanches
Sur nos fronts.

Et, du fond de nos abîmes,
Soucieux,
Nous te voyons sur les cimes,
Levant les deux bras sublimes
Vers les cieux.

IV

Destin! gouffre aux vents contraires,
  Aux flots sourds !
Oh que d'urnes funéraires !
Fille, femme, parents, frères,
  Joie, amours!

On luit, on brille, un beau rêve
  Vous dit : vien !
Et voilà qu'un vent s'élève;
Le temps d'un flux sur la grève ;
  Et plus rien !

La bise éteint, brise, emporte
  Le flambeau,
Et souffle, toujours plus forte,
Par-dessus la noire porte
  Du tombeau.

Notre bonheur est livide,
  Et vit peu.

Hélas! je me tourne avide
Vers le sépulcre, ce vide
   Plein de Dieu.

Dieu, là, dans ce sombre monde
   Met l'amour
Et tous les ports dans cette onde,
Et dans cette ombre profonde
   Tout le jour.

O vivants qui dans la brume,
   Dans le deuil,
Passez comme un flot qui fume
Et n'êtes que de l'écume
   Sur l'écueil,

Vivez dans les clartés fausses,
   Expiez!
Moi, Dieu bon qui nous exauces!
Je sens remuer les fosses
   Sous mes pieds.

Il est temps que je m'en aille
   Loin du bruit,
Sous la ronce et la broussaille,
Retrouver ce qui tressaille
   Dans la nuit.

Tous mes nœuds dans le mystère
Sont dissous.
L'ombre est ma patrie austère.
J'ai moins d'amis sur la terre
Que dessous.

16 juillet 1855.

XI

A l'heure où le soleil se couche,
Quand j'erre au fond des bois, le soirs,
Seul, songeant, souriant, farouche,
Effaré sous les arbres noirs;

Ou quand, près du foyer qui flambe,
Laissant mes livres cent fois lus,
Croisant ma jambe sur ma jambe,
Je regarde et n'écoute plus;

Vous dites : Qu'a-t-il donc? Il rêve !
— Oui, je rêve ! — C'est que je voi
L'ombre où l'astre idéal se lève
Croître et monter autour de moi !

C'est qu'en cette nuit où s'efface
La clarté faite pour nos yeux,

Je sens approcher de ma face
Des visages mystérieux !

C'est qu'il me vient des apparences,
Des formes, des voix, des soupirs,
Du monde où sont ces espérances
Que nous appelons souvenirs !

C'est que des espaces funèbres
S'ouvrent à mes sens convulsifs ;
C'est que je sens dans ces ténèbres
Mon père et ma mère pensifs !

C'est que je sens passer un ange,
Toi, ma fille, âme au front charmant,
A je ne sais quel souffle étrange
Dont je frissonne doucement !

C'est que, sous nos plafonds paisibles
Comme dans nos bois pleins d'effroi,
Les morts présents, mais invisibles,
Fixent leurs yeux profonds sur moi !

6 janvier 1860.

XII

A JEANNE

Je suis triste ; le sort est dur ; tout meurt, tout passe ;
Les êtres innocents marchent dans de la nuit ;
Tu n'en sais rien ; tu ris d'écouter dans l'espace
Ce qui chante et de voir ce qui s'épanouit ;

Toi, tu ne connais pas le destin ; tu chuchotes
On ne sait quoi devant l'Ignoré ; tu souris
Devant l'effarement des sombres don Quichottes
Et devant la sueur des pâles Jésus-Christs.

Tu ne sais pas pourquoi je songe, pourquoi tombe
Kesler à Guernesey, Ribeyrolle au Brésil ;

Jeanne, tu ne sais pas ce que c'est que la tombe,
Jeanne, tu ne sais pas ce que c'est que l'exil.

Certes, si je pensais que j'assombris ton âme,
Je ne te dirais point toutes ces choses-là ;
Mais, vois-tu, bien qu'avril dore à sa pure flamme
Ton front, que Dieu pour moi tout exprès étoila,

Quoique le ciel ait l'aube et mon cœur ton sourire,
Jeanne, la vie est morne, et l'on gémit parfois ;
Puisque tu n'as qu'un an, je puis bien tout te dire,
Tu comprends seulement la douceur de ma voix.

  16 août 1870.

XIII

ENVOI

Tu sais, ami rêveur qui vois ma destinée,
Quelle meute envieuse, âpre, immonde, acharnée,
Jappe après mes talons, et m'insulte, et me mord,
Comme si j'étais grand, comme si j'étais fort !
Mets sous clef ce poëme, et n'en parle à personne.
Cette meute surgit dès que mon clairon sonne,
Et rentre dans sa nuit sitôt qu'il a cessé.
Je veux la condamner au silence forcé, —
Pour quelque temps du moins. Cet oubli qui lui pèse
Me plaît, et je me tais afin qu'elle se taise.

XIV

Pygmée et myrmidon, c'est haine et calomnie.
Avoir l'envie au cœur, aux lèvres l'ironie,
Poëte, c'est un peu l'habitude d'en bas.
Après tant de travaux, après tant de combats,
L'affront t'assiège ; ils sont toute une multitude
T'insultant dans ton deuil et dans ta solitude ;
Mais toi que le destin absorbe, tu n'as point
Le temps de voir ces gens qui te montrent le poing.
Les tumultes ont beau t'entourer, tu médites.
Toutes tes œuvres sont par Zoïle maudites ;
Le fauve acharnement de la haine est sur toi.
Toi qui jadis planais archange, et qu'une loi
Met sur la terre, au fond des visions funèbres,
Prisonnier dans la cage énorme des ténèbres,

Toi, l'aigle échevelé de l'ombre, le banni
Tombé d'un infini dans un autre infini,
Du zénith dans l'abîme et du ciel dans ton âme,
Éclairé, mais brûlé par ta profonde flamme,
Rongé du noir regret du firmament vermeil,
Toi dont l'œil fixe fait un reproche au soleil
Et semble demander de quel droit l'on t'exile,
Toi qui n'as plus que toi pour cime et pour asile,
Tu ne te distrais point de ton rêve éternel ;
Et, pendant qu'émus comme autour d'un criminel,
Les passants te voudraient tuer, et qu'on te hue,
Et qu'à tes pieds, grondant et grinçant, la cohue
Bourdonne avec le bruit d'orage d'un essaim,
Et t'appelle idiot, traître, avare, assassin,
Incendiaire, esprit méchant, âme mauvaise,
Voleur et meurtrier, clameur que rien n'apaise,
Comme si la fureur sans cesse grossissait, —
Pensif, tu ne sais pas au juste ce que c'est.

21 mai 1872.

XV

Je suis un habitant des rêves;
J'ai, devant l'ombre qui descend,
Devant le flot rongeant les grèves,
Le vague regard d'un passant.

J'abats le trône et non la tête;
Je vois un homme dans un roi;
J'ai devant la nuit, sombre fête,
Beaucoup d'amour, un peu d'effroi.

Je crois que les femmes sont faites,
Pour être diables quelquefois;

La gentillesse des fauvettes
Me retient pensif dans les bois.

Quoique admirant peu d'hexamètres
Et n'aimant aucun attentat,
Je dis confrère aux gens de lettres,
Et collègue aux hommes d'état.

XVI

Je la revois, après vingt ans, l'île où Décembre
    Me jeta, pâle naufragé.
La voilà ! c'est bien elle. Elle est comme une chambre
    Où rien encor n'est dérangé.

Oui, c'était bien ainsi qu'elle était ; il me semble
    Qu'elle rit, et que j'aperçois
Le même oiseau qui fuit, la même fleur qui tremble,
    La même aurore dans les bois ;

Il me semble revoir, comme au fond d'un mirage,
    Les champs, les vergers, les fruits mûrs,

Et dans le firmament profond le même orage,
　　Et la même herbe au pied des murs,

Et le même toit blanc qui m'attend et qui m'aime,
　　Et, par delà le flot grondeur,
La même vision d'un éden, dans la même
　　Éblouissante profondeur.

Oui, je la reconnais cette grève enchantée,
　　Comme alors elle m'apparut,
Rive heureuse où l'on cherche Acis et Galatée,
　　Où l'on rêve Booz et Ruth ;

Car il n'est pas de plage, ou de montagne, ou d'île,
　　Parmi les abîmes amers,
Mieux faite pour cacher les roses de l'idylle
　　Sous la tragique horreur des mers.

Ciel ! océan ! c'était cette même nature,
　　Gouffre de silence et de bruit,
Ayant on ne sait quelle insondable ouverture
　　Sur la lumière et sur la nuit.

Oui, c'étaient ces hameaux, oui, c'étaient ces rivages ;
　　C'était le même aspect mouvant,
La même âcre senteur des bruyères sauvages,
　　Les mêmes tumultes du vent ;

C'était la même vague arrachant aux décombres
    Les mêmes dentelles d'argent ;
C'étaient les mêmes blocs jetant les mêmes ombres
    Au même éternel flot changeant ;

C'étaient les mêmes caps que l'onde ignore et ronge,
    Car l'âpre mer, pleine de deuils,
Ne s'inquiète pas, dans son effrayant songe,
    De la figure des écueils ;

C'était la même fuite immense des nuées ;
    Sur ces monts, où Dieu vient tonner,
Les mêmes cimes d'arbre, en foule remuées,
    N'ont pas fini de frissonner ;

C'était le même souffle ondoyant dans les seigles ;
    Je crois revoir sur l'humble pré
Les mêmes papillons, avec les mêmes aigles
    Sur l'océan démesuré ;

C'était le même flux couvrant l'île d'écume,
    Comme un cheval blanchit le mors ;
C'était le même azur, c'était la même brume.
    Et combien vivaient, qui sont morts !

    8 août 1872, en arrivant à Jersey.

XVII

Je ne m'arrête pas, jamais je ne séjourne ;
    Quand le flot, mon témoin,
Tremble, je crie au vent : Marchons ! quand le vent tourne,
    Je dis au flot : Plus loin !

Et j'avance, et toujours plus d'ouragan m'emporte...
    Homme, aime tes amours,
Assieds-toi sur le banc de pierre de ta porte,
    Et laisse fuir les jours !

Heureux celui qui vit stupide en sa demeure,
    Et qui, chaque soir, voit
Le même oiseau de nuit sortir à la même heure
    Du même angle du toit !

    13 août 1872.

XVIII

— Qu'es-tu, pèlerin? — Je me nomme
Celui qui pleure. — En vérité,
Viens avec nous. — Je suis un homme
Par une main d'ombre arrêté.

— Viens! — Non! — Les ans t'ont fait débile ;
Pourquoi, l'œil ouvert à demi,
Restes-tu dans l'ombre, immobile ?
— Une pierre me tient, ami.

— Ton âme de nuit est vêtue.
Seul, debout, n'as-tu pas d'effroi

D'un lent changement en statue ?
— La terre sombre monte en moi.

— Que fais-tu là ? Viens. Le soir tombe,
Le vent souffle en tes cheveux gris.
— J'attends que se rouvre une tombe
Où le bas de ma robe est pris.

XIX

AVE, DEA; MORITURUS TE SALUTAT

La mort et la beauté sont deux choses profondes
Qui contiennent tant d'ombre et d'azur qu'on dirait
Deux sœurs également terribles et fécondes
Ayant la même énigme et le même secret.

O femmes, voix, regards, cheveux noirs, tresses blondes,
Brillez, je meurs ! ayez l'éclat, l'amour, l'attrait,
O perles que la mer mêle à ses grandes ondes,
O lumineux oiseaux de la sombre forêt !

Judith, nos deux destins sont plus près l'un de l'autre
Qu'on ne croirait, à voir mon visage et le vôtre ;
Tout le divin abîme apparaît dans vos yeux,

Et moi, je sens le gouffre étoilé dans mon âme ;
Nous sommes tous les deux voisins du ciel, madame,
Puisque vous êtes belle et puisque je suis vieux.

12 juillet.

XX

JE TRAVAILLE

Amis, je me remets à travailler ; j'ai pris
Du papier sur ma table, une plume, et j'écris ;
J'écris des vers, j'écris de la prose ; je songe,
Je fais ce que je puis pour m'ôter du mensonge,
Du mal, de l'égoïsme et de l'erreur ; j'entends
Bruire en moi le gouffre obscur des mots flottants ;
Je travaille.

       Ce mot, plus profond qu'aucun autre,
Est dit par l'ouvrier et redit par l'apôtre ;
Le travail est devoir et droit, et sa fierté
C'est d'être l'esclavage étant la liberté.
Le forçat du devoir et du travail est libre.

Mais quoi ! penseur, tu vas remettre en équilibre
Au fond de ton esprit, qu'occupaient d'autres soins,
L'idée avec le mot, le plus avec le moins !
De la prose ! pourquoi ? des vers ! pourquoi ? des rimes !
Des phrases ! à quoi bon ? A quoi bon les abîmes,
Les mystères, la vie et la mort, les secrets
De la croissance étrange et sombre des forêts
Et des peuples, et l'ombre où croulent les empires,
Et toute cette énigme humaine où les Shakspeares
Plongeaient, et que fouillaient, les yeux tout grands ouverts
Tacite avec sa prose et Dante avec son vers ?
A quoi bon la beauté, l'art, la forme, le style ?
Lucrèce et le spondée, Horace et le dactyle,
Et tous ces arrangeurs de mètres et de mots,
Pindare, Eschyle, Job, Plaute, Isaïe, Amos !
A quoi bon ce qui fait l'homme grand sur la terre ?

Ceux qui parlent ainsi feraient mieux de se taire ;
Je connais dès longtemps leur vaine objection.

L'art est la roue immense, et j'en suis l'Ixion.

Je travaille. A quoi ? Mais... à tout ; car la pensée
Est une vaste porte à chaque instant poussée
Par ces passants qu'on nomme Honneur, Devoir, Raison,
Deuil, et qui tous ont droit d'entrer dans la maison.
Je regarde là-haut le jour éternel poindre ;

A qui voit plus de ciel la terre semble moindre ;
J'offre aux morts, dans mon âme en proie au choc des vents,
Leur souvenir accru de l'oubli des vivants.
Oui, je travaille, amis ! oui, j'écris ! oui, je pense !
L'apaisement superbe étant la récompense
De l'homme qui, saignant, et calme néanmoins,
Tâche de songer plus afin de souffrir moins.

Le souffle universel m'enveloppe et me gagne.
Le lointain avenir, lueur de la montagne,
M'apparaît par-dessus tous les noirs horizons.
C'est par ces rêves-là que nous nous redressons !

O frisson du songeur qui redevient prophète !
Le travail, cette chose inexprimable, faite
De vertige, d'effort, de joug, de volonté,
Vient quand nous l'appelons, nous jette une clarté
Subite, et verse en nous tous les généreux zèles,
Et, docile, ardent, fier, ouvrant de brusques ailes,
Écartant les douleurs ainsi que des rameaux,
Nous emporte à travers l'infini, loin des maux,
Loin de la terre, loin du malheur, loin du vice,
Comme un aigle qu'on a dans l'ombre à son service.

XXI

Le bien germe parfois dans les ronces du mal.
Souvent, dans l'éden vague et bleu de l'idéal
Que, frissonnant, sentant à peine que j'existe,
J'aperçois à travers mon humanité triste
Comme par les barreaux d'un blême cabanon,
Je vois éclore, au fond d'une lueur sans nom,
De monstrueuses fleurs et d'effrayantes roses.
Je sens que par devoir j'écris toutes ces choses
Qui semblent, sur le fauve et tremblant parchemin,
Naître sinistrement de l'ombre de ma main.
Est-ce que par hasard, grande haleine insensée
Des prophètes, c'est toi qui troubles ma pensée ?
Où donc m'entraîne-t-on dans ce nocturne azur ?
Est-ce un ciel que je vois ? Est-ce le rêve obscur

Dont j'aperçois la porte ouverte toute grande ?
Est-ce que j'obéis ? est-ce que je commande ?
Ténèbres, suis-je en fuite ? est-ce moi qui poursuis ?
Tout croule ; je ne sais par moments si je suis
Le cavalier superbe ou le cheval farouche ;
J'ai le sceptre à la main et le mors dans la bouche.
Ouvrez-vous que je passe, abîmes, gouffre bleu,
Gouffre noir ! Tais-toi, foudre ! Où me mènes-tu, Dieu ?
Je suis la volonté, mais je suis le délire.
O vol dans l'infini! J'ai beau par instants dire,
Comme Jésus criant Lamma Sabacthani :
Le chemin est-il long encore ? est-ce fini,
Seigneur ? permettrez-vous bientôt que je m'endorme ?
L'Esprit fait ce qu'il veut. Je sens le souffle énorme
Que sentit Élisée et qui le souleva ;
Et j'entends dans la nuit quelqu'un qui me dit: Va !

XXII

A MADAME D'A.-SH.

Vous demandez à quoi je rêve ?
Je me souviens qu'un jour, jadis,
A l'heure où l'aube qui se lève
Ouvre ses yeux de paradis,

Je passais, parmi des colombes,
Dans un cimetière, jardin
Qui, couvrant de roses les tombes,
Cache le néant sous l'éden.

J'errais dans cette ombre insalubre
Où les croix noires sont debout. —

Une grande pierre lugubre
Se mit à vivre tout à coup.

C'était, dans l'herbe et les pervenches,
Un sépulcre sombre et hautain
Qu'effleura soudain sous les branches
Un furtif éclair du matin.

Il était là, sous une yeuse,
Triste, et, comme pour l'apaiser,
La jeune aube mystérieuse
Donnait à ce spectre un baiser.

Et cela rendit, ô merveille,
La vie au sépulcre hagard.
Ce sourd-muet ouvrit l'oreille,
Et cet aveugle eut un regard.

En voyant venir la lumière,
Comme au désert le noir Sina,
Ce sinistre linceul de pierre
Où pleure une âme, rayonna.

Et je le vis, dans le bois sombre,
Dans le champ pestilentiel,
Comme transfiguré dans l'ombre
Par cette dorure du ciel.

A MADAME D'A.-SH.

Ce n'était plus la dalle affreuse
Qui se dresse hors de tout bruit,
Sous laquelle un gouffre se creuse,
Plein d'étoiles, mais plein de nuit ;

Ce n'était plus la tombe où rêve
Un vague fantôme banni,
Abîme où le fini s'achève,
Borne où commence l'infini.

Grâce à l'aube, au pied du vieil arbre,
Dans la ronce et dans le genêt,
Le froid granit, l'orgueilleux marbre
Que le ver de terre connaît,

Illuminait ces bois funèbres,
Craints de l'homme, aimés du corbeau,
Et, calme, avait dans les ténèbres
On ne sait quel air de flambeau.

Il cessa d'être le fantôme.
Le liseron fut ébloui,
Et l'œillet lui jeta son baume ;
Les fleurs n'eurent plus peur de lui.

Les roses que nos yeux admirent
Baisèrent son socle détruit,
Et les petits oiseaux se mirent
A chanter autour de la nuit.

Noble femme aux vaincus fidèle,
Votre sourire frais et beau,
Quand il luit sur moi, me rappelle
Cette aurore sur ce tombeau.

H.-H., 5 septembre.

XXIII

ÉCHAPPÉ A L'ERREUR

Gouffres, m'entendez-vous ? Me voyez-vous, écumes ?
Je surnage. Longtemps, doux enfants, nous vécûmes,
Mes deux frères et moi, dans cet A B C D
D'imposture et d'erreur dont l'homme a fait sa bible ;
Mais, c'est fini, j'en sors et je lutte, terrible
    Et joyeux comme un évadé.

Nous sommes quelques-uns nageant dans l'ombre immense.
Éperdus ; tout est piège, ignorance, inclémence ;
La mer n'a pas un pli qui ne soit triste et noir ;
L'écueil gémit, le vent pleure, la vague tremble ;
La brume, c'est le doute ; et, par moments, il semble
    Que l'abîme est au désespoir.

L'océan, ce despote, a l'autan pour ministre.
Je regarde au delà de l'horizon sinistre,
Je résiste à l'horreur du gouffre illimité ;
Je vois plus loin que l'ombre et la haine et la guerre.
Comme Colomb criait à ses compagnons : Terre !
      Je crie aux hommes : Vérité !

Et je vois Pythagore, Eschyle, esprits sublimes,
Job, Dante, âmes ayant l'habitude des cimes,
Thalès, Milton, planer dans l'obscur firmament.
Ainsi, malgré les chocs de l'onde et ses huées,
Une dispersion d'aigles dans les nuées
      Tourbillonne superbement.

Prêtres, vous n'avez pu m'engloutir dans vos songes ;
Dieu ne m'a pas laissé noyer par vos mensonges ;
J'avance, et je fais signe aux pâles matelots ;
Je rapporte des mers la perle qu'on y trouve ;
Je vis ! L'évasion du naufrage se prouve
      Par la tête au-dessus des flots.

4 mai 1878.

XXIV

APRÈS L'HIVER

N'attendez pas de moi que je vais vous donner
Des raisons contre Dieu que je vois rayonner;
La nuit meurt, l'hiver fuit; maintenant la lumière,
Dans les champs, dans les bois, est partout la première.
Je suis par le printemps vaguement attendri.
Avril est un enfant, frêle, charmant, fleuri;
Je sens devant l'enfance et devant le zéphyre
Je ne sais quel besoin de pleurer et de rire;
Mai complète ma joie et s'ajoute à mes pleurs.
Jeanne, George, accourez, puisque voilà des fleurs.
Accourez, la forêt chante, l'azur se dore,
Vous n'avez pas le droit d'être absents de l'aurore.
Je suis un vieux songeur et j'ai besoin de vous,
Venez! je veux aimer, être juste, être doux,

Croire, remercier confusément les choses,
Vivre sans reprocher les épines aux roses;
Être enfin un bon homme acceptant le bon Dieu.
O printemps! bois sacrés! ciel profondément bleu!
On sent un souffle d'air vivant qui vous pénètre,
Et l'ouverture au loin d'une blanche fenêtre;
On mêle sa pensée au clair-obscur des eaux;
On a le doux bonheur d'être avec les oiseaux
Et de voir, sous l'abri des branches printanières,
Ces messieurs faire avec ces dames des manières.

26 juin 1878.

XXV

Le vieillard chaque jour dans plus d'ombre s'éveille.
A chaque aube il est mort un peu plus que la veille.
  La vie humaine, ce nœud vil,
Se défait lentement rongé par l'âme ailée ;
Le sombre oiseau lié veut prendre sa volée
  Et casse chaque jour un fil.

O front blanc qu'envahit la grande nuit tombante,
Meurs ! tour à tour ta voix, ta force succombante,
  Ton œil où décroît l'horizon
S'éteignent — ce sera mon destin et le vôtre —
Comme on voit se fermer le soir l'une après l'autre
  Les fenêtres d'une maison.

1878.

XXVI

Tu rentreras comme Voltaire
Chargé d'ans, en ton grand Paris;
Des Jeux, des Grâces et des Ris
Tu seras l'hôte involontaire.

Tu seras le mourant aimé;
On murmurera dès l'aurore,
A ton seuil à demi fermé :
Déjà ! mêlé de Pas encore !

A la fois marmot et barbon,
Tu pourras penser, joie honnête :
Je suis si bon qu'on me croit bête
Et si bête qu'on me croit bon.

VI

I

Lorsque ma main frémit si la tienne l'effleure,
Quand tu me vois pâlir, femme aux cheveux dorés,
Comme le premier jour, comme la première heure,
Rien qu'en touchant ta robe et ses plis adorés;

Quand tu vois que les mots me manquent pour te dire
Tout ce dont tu remplis mon sein tumultueux;
Lorsqu'en me regardant tu sens que ton sourire
M'enivre par degrés et fait briller mes yeux;

Quand ma voix, sous le feu de ta douce prunelle,
Tremble en ma bouche émue impuissante à parler,
Comme un craintif oiseau tout à coup pris par l'aile
Qui frissonne éperdu sans pouvoir s'envoler;

O bel être créé pour des sphères meilleures,
Dis, après tant de deuils, de désespoirs, d'ennuis,
Et tant d'amers chagrins et tant de tristes heures
Qui souvent font tes jours plus mornes que des nuits ;

Oh ! dis, ne sens-tu pas se lever dans ton âme
L'amour vrai, l'amour pur, adorable lueur,
L'amour, flambeau de l'homme, étoile de la femme,
Mystérieux soleil du monde intérieur !

Ne sens-tu pas, dis-moi, passer sur ta paupière
Le souffle du matin, des ténèbres vainqueur ?
Ne vient-il pas des voix tout bas te dire : espère !
N'entends-tu pas un chant dans l'ombre de ton cœur ?

Oh ! recueille ce chant, âme blessée et fière !
Cette aube qui se lève en toi, c'est le vrai jour.
Ne crains plus rien ! Dieu fit tes yeux pour la lumière,
Ton âme pour le ciel et ton cœur pour l'amour !

Regarde rayonner sur ton destin moins sombre
Ce soleil de l'amour qui pour jamais te luit,
Qui, même après la mort, brille sorti de l'ombre,
Qui n'a pas de couchant et n'aura pas de nuit !

II

Oh! si vous existez, mon ange, mon génie,
Qui m'emplissez le cœur d'amour et d'harmonie,
Esprit qui m'inspirez, sylphe pur qu'en rêvant
J'écoute me parler à l'oreille souvent,
Avec vos ailes d'or volez à la nuit close
Dans l'alcôve qu'embaume une senteur de rose
Vers cet être charmant que je sers à genoux
Et qui, puisqu'il est femme, est plus ange que vous!
Dites-lui, bon génie, avec votre voix douce,
A cet être si cher, qui parfois me repousse,
Que, tandis que la foule a le regard sur lui,
Que son sourire émeut le théâtre ébloui,
Que tous les cœurs charmés ne sont, tant on l'admire,
Qu'un orchestre confus qui sous ses pieds soupire,

Tandis que par moments le peuple transporté
Se lève tout debout et rit à sa beauté,
Il est ailleurs une âme éperdue, enivrée,
Qui, pour mieux recueillir son image adorée,
Se cache dans la nuit comme dans un linceul,
Et qu'admiré de tous, il est aimé d'un seul !

10 mars 1833.

III

Vois-tu, mon ange, il faut accepter nos douleurs.
      L'amour est comme la rosée
Qui luit de mille feux et de mille couleurs
      Dans l'ombre où l'aube l'a posée;
Rien n'est plus radieux sous le haut firmament.
De cette goutte d'eau qui rayonne un moment
N'approchez pas vos yeux que tant de splendeur charme.
      De loin, c'était un diamant;
      De près, ce n'est plus qu'une larme.

Souffrons, puisqu'il le faut. Aimons et louons Dieu!
      L'amour, c'est presque toute l'âme.
Le Seigneur aime à voir brûler sous le ciel bleu
      Deux cœurs mêlant leur double flamme.

Il fixe sur nous tous son œil calme et clément;
Mais, parmi ces vivants qu'il voit incessamment
Marcher, lutter, courir, récolter ce qu'ils sèment,
    Dieu regarde plus doucement
    Ceux qui pleurent parce qu'ils aiment!

1er janvier 1835.

IV

Vous m'avez éprouvé par toutes les épreuves,
Seigneur. J'ai bien souffert. Je suis pareil aux veuves
Qui travaillent la nuit et songent tristement.
Je n'ai point fait le mal, et j'ai le châtiment;
Mon œuvre est difficile, et ma vie est amère.
Les choses que je fais sont comme une chimère.
Après le dur travail et la dure saison,
J'ai vu mes ennemis marcher sur ma moisson.
Le mensonge et la haine et l'injure, avec joie,
Ont mâché dans leurs dents mon nom comme une proie.
J'ai tant rêvé! le doute a lassé ma raison.
L'ardente jalousie, âcre et fatal poison,
A, dans mon cœur profond qui brûle et se déchire,
Tué la confiance et le joyeux sourire.

J'ai vu, pâle et des yeux cherchant ton horizon,
Des cercueils adorés sortir de ma maison.
J'ai pleuré comme fils, j'ai pleuré comme père,
Et je tremble souvent par où tout autre espère.

Mais je ne me plains pas, et je tombe à genoux,
Et je vous remercie, ô maître amer et doux;
Car vous avez, Dieu bon, Dieu des âmes sincères,
Mis toutes les douleurs et toutes les misères
Sur moi, sur mon cœur sombre en vos mains comprimé,
Excepté celle-là, d'aimer sans être aimé !

23 juin 1843.

V

Sais-tu ce que Dieu dit à l'enfant qui va naître?
Quand cet humble regard s'entr'ouvre à notre jour,
Il lui dit : Va souffrir, va penser, va connaître;
Ame, perds l'innocence et rapporte l'amour! —

Oui, c'est là le secret; oui, c'est là le mystère.
Quoi qu'on fasse, il n'est rien qu'on ne puisse blâmer,
On tombe à chaque pas qu'on fait sur cette terre,
Tout est rempli d'erreur; — mais il suffit d'aimer.

Colombe, c'est l'amour qu'il faut que tu rapportes!
Après ce dur voyage, obscur, long, hasardeux,
Le ciel, d'où nous venons, peut nous rouvrir ses portes :
On en est sorti seul, il faut y rentrer deux.

  19 juillet 1850.

VI

Certe, elle n'était pas femme et charmante en vain
Mais le terrestre en elle avait un air divin.
Des flammes frissonnaient sur mes lèvres hardies ;
Elle acceptait l'amour et tous ses incendies,
Rêvait au tutoiement, se risquait pas à pas,
Ne se refusait point et ne se livrait pas ;
Sa tendre obéissance était haute et sereine ;
Elle savait se faire esclave et rester reine,
Suprême grâce ! et quoi de plus inattendu
Que d'avoir tout donné sans avoir rien perdu !
Elle était nue avec un abandon sublime
Et, couchée en un lit, semblait sur une cime.
A mesure qu'en elle entrait l'amour vainqueur,
On eût dit que le ciel lui jaillissait du cœur ;

Elle vous caressait avec de la lumière ;
La nudité des pieds fait la marche plus fière
Chez ces êtres pétris d'idéale beauté ;
Il lui venait dans l'ombre au front une clarté
Pareille à la nocturne auréole des pôles ;
A travers les baisers, de ses blanches épaules
On croyait voir sortir deux ailes lentement ;
Son regard était bleu, d'un bleu de firmament ;
Et c'était la grandeur de cette femme étrange
Qu'en cessant d'être vierge elle devenait ange.

VII

ROMAN EN TROIS SONNETS

I

Fille de mon portier ! l'Érymanthe sonore
Devant vous sentirait tressaillir ses pins verts ;
L'Horeb, dont le sommet étonne l'univers,
Inclinerait son cèdre altier qu'un peuple adore ;

Les docteurs juifs, quittant les talmuds entr'ouverts,
Songeraient ; et les grecs, dans le temple d'Aglaure
Le long duquel Platon marche en lisant des vers,
Diraient en vous voyant : Salut, déesse Aurore !

Ainsi palpiteraient les juifs et les hébreux
Quand vous passez, les yeux baissés sous votre mante ;
Ainsi frissonneraient sur l'Horeb ténébreux

Les cèdres, et les pins sur l'auguste Erymanthe ;
Je ne vous cache pas que vous êtes charmante,
Je ne vous cache pas que je suis amoureux.

II

Je ne vous cache pas que je suis amoureux,
Je ne vous cache pas que vous êtes charmante ;
Soit ; mais vous comprenez que ce qui me tourmente,
C'est, ayant le cœur plein, d'avoir le gousset creux.

On fuit le pauvre ainsi qu'on fuyait le lépreux ;
Pour Tircis sans le sou Philis est peu clémente,
Et l'amant dédoré n'éblouit point l'amante ;
Il sied d'être Rothschild avant d'être Saint-Preux.

N'importe, je m'obstine ; et j'ai l'audace étrange
D'être pauvre et d'aimer, et je vous veux, bel ange ;
Car l'ange n'est complet que lorsqu'il est déchu ;

Et je vous offre, Églé, giletière étonnée,
Tout ce qu'une âme, hélas, vers l'infini tournée
Mêle de rêverie aux rondeurs d'un fichu.

9 décembre.

III

Une étoile du ciel me parlait ; cette vierge
Disait : — « O descendant crotté des Colletets,
J'ai ri de tes sonnets d'hier où tu montais
Jusqu'à la blonde Églé, fille de ton concierge.

« Églé fait — j'en pourrais jaser, mais je me tais —
Des rêves de velours sous ses rideaux de serge.
Tu perds ton temps. Maigris, fais des vers, brûle un cierge,
Chante-la ; ce sera comme si tu chantais.

« Un galant sans argent est un oiseau sans aile.
Elle est trop haut pour toi. Les poètes sont fous.
Jamais tu n'atteindras jusqu'à cette donzelle. » —

Et je dis à l'étoile, à l'étoile aux yeux doux :
— Mais vous avez cent fois raison, mademoiselle !
Et je ferais bien mieux d'être amoureux de vous.

  10 décembre.

VIII

VISIONS DE LYCÉEN

Quand on sort de rhétorique,
Du livre et de l'encrier,
On a l'âme chimérique
Et le cœur aventurier.

On a pour nid des murs bistres,
Des galetas fabuleux,
Que les rats ont faits sinistres,
Que l'illusion fait bleus.

On n'est pas très difficile
Aux divinités qu'on voit ;

Et les nymphes de Sicile
S'accoudent au bord du toit.

Puisqu'il faut que j'en convienne,
C'est vrai, souvent nous prenons
Dans le passage Vivienne
Des Margots pour des Junons.

Toute la mythologie
Vient becqueter nos taudis ;
Nous y faisons une orgie
De cieux et de paradis.

Je rêve. Oui, la vie est sombre
Et charmante ; et des clins d'yeux
M'arrivent au fond de l'ombre
Qui m'ont mis au rang des dieux.

L'extase au cinquième habite,
L'amour fait multiplier
Les rêves du cénobite
Par le front de l'écolier.

Je suis naïf au point d'être
Par moments persuadé
Que Vénus, à sa fenêtre,
M'a fait signe à Saint-Mandé.

Mon œil sous ma boîte osseuse
Est à de tels songes prêt
Qu'à travers ma blanchisseuse
Phyllodoce m'apparaît.

Une chemisière aimante
Vint hier dans mon grenier ;
Elle portait, la charmante,
Des rayons dans son panier ;

Ravi de cette descente,
Je crus que je voyais choir
Hébé, toute frémissante
D'aurore, sur mon perchoir.

Comment peindre l'air de fête
De deux yeux presque innocents ?
Fraîche, elle avait sur la tête
Cette lumière, seize ans.

Et l'autre jour, plein d'Homère,
Je songeais je ne sais où ;
Je marchais dans la chimère,
Tout au bord, sans garde-fou ;

Une muse au front suprême
Passa dans mon horizon.
— C'est Calliope elle-même !
Criai-je. C'était Suzon.

Je me risquai, dans l'échoppe
Dont un coffre est le sofa,
A chiffonner Calliope;
Calliope me griffa.

La modiste est la sirène.
J'attire Anne à mon foyer,
Lui donnant des noms de reine
Afin de la tutoyer.

Ainsi je vis, l'œil en flammes,
Dans mes bouquins, loin du bruit,
Étoilant toutes les femmes,
Confusément, dans la nuit.

Je les fais déesses toutes,
Et sur leurs chiffons je mets
La lueur des sombres voûtes
Ou l'éclair des bleus sommets.

Je vois parfois la tunique
S'ébaucher sous le torchon

Et la Diane Ionique
Sous le madras de Fanchon.

Je m'éblouis, solitaire ;
Car il faut que nous usions
L'une après l'autre, sur terre,
Toutes les illusions.

Je guette et je me hasarde
A sonder d'un œil ardent
L'empyrée et la mansarde ;
Et je contemple ; et, pendant

Que rôde sur ma gouttière
Quelque gros chat moustachu,
Cypris met sa jarretière,
Pallas ôte son fichu.

IX

HERMINA

J'atteignais l'âge austère où l'on est fort en thème,
Où l'on cherche, enivré d'on ne sait quel parfum,
Afin de pouvoir dire éperdûment Je t'aime !
        Quelqu'un.

J'entrais dans ma treizième année. O feuilles vertes !
Jardins ! croissance obscure et douce du printemps !
Et j'aimais Hermina, dans l'ombre. Elle avait, certes,
        Huit ans.

Parfois, bien qu'elle fût à jouer occupée,
J'allais, muet, m'asseoir près d'elle, avec ferveur,

Et je la regardais regarder sa poupée,
   Rêveur.

Il est une heure étrange où l'on sent l'âme naître ;
Un jour, j'eus comme un chant d'aurore au fond du cœur.
Soit ! pensai-je, avançons, parlons ! c'est l'instant d'être
   Vainqueur !

Je pris un air profond, et je lui dis : — Minette,
Unissons nos destins. Je demande ta main. —
Elle me répondit par cette pichenette :
   — Gamin !

X

J'étais le songeur qui pense,
Elle était l'oiseau qui fuit;
Je l'adorais en silence,
Elle m'aimait à grand bruit.

Quand dans quelque haute sphère
Je croyais planer vainqueur,
Je l'entendis en bas faire
Du vacarme dans mon cœur.

Mais je reprenais mon songe
Et je l'adorais toujours,

Crédule au divin mensonge
Des roses et des amours.

Les profondeurs constellées,
L'aube, la lune qui naît,
Amour, me semblaient mêlées
Aux rubans de son bonnet.

Je rêvais un ciel étrange
Pour mon éternel hymen.
— Qu'êtes-vous? criais-je; un ange?
— Moi? disait-elle, un gamin !

Je sentais, âme saisie
Dans les cieux par un pinson,
S'effeuiller ma poésie
Que becquetait sa chanson.

Elle me disait : — Écoute,
C'est mal, tu me dis vous ! fi ! —
Et la main se donnait toute
Quand le gant m'aurait suffi.

Me casser pour elle un membre,
C'était mon désir parfois.
Un jour, je vins dans sa chambre;
Nous devions aller au bois;

Je comptais la voir bien mise,
Chaste comme l'orient;
Elle m'ouvrit en chemise,
Moi tout rouge, elle riant.

Je ne savais que lui dire
Et je fus contraint d'oser;
Je ne voulais qu'un sourire,
Il fallut prendre un baiser.

Et ma passion discrète
S'évanouit sans retour.
C'est ainsi que l'amourette
Mit à la porte l'amour.

XI

MAI

Je ne laisserai pas se faner les pervenches
Sans aller écouter ce qu'on dit sous les branches,
Et sans guetter, parmi les rameaux infinis,
La conversation des feuilles et des nids.
Il n'est qu'un dieu, l'amour ; avril est son prophète.
Je me supposerai convive de la fête
Que le pinson chanteur donne au pluvier doré ;
Je fuirai de la ville, et je m'envolerai
— Car l'âme du poëte est une vagabonde, —
Dans les ravins où mai plein de roses abonde.
Là les papillons blancs et les papillons bleus,
Ainsi que le divin se mêle au fabuleux,
Vont et viennent, croisant leurs essors gais et lestes,
Si bien qu'on les prendrait pour des lueurs célestes.

Là, jasent les oiseaux, se cherchant, s'évitant,
Là, Margot vient quand c'est Glycère qu'on attend;
L'idéal démasqué montre ses pieds d'argile;
On trouve Rabelais où l'on cherchait Virgile.
O jeunesse! ô seins nus des femmes dans les bois!
Oh! quelle vaste idylle et que de sombres voix!
Comme tout le hallier, plein d'invisibles mondes,
Rit dans le clair-obscur des églogues profondes!
J'aime la vision de ces réalités;
La vie aux yeux sereins luit de tous les côtés;
La chanson des forêts est d'une douceur telle
Que, si Phébus l'entend quand, rêveur, il dételle
Ses chevaux las souvent au point de haleter,
Il s'arrête, et fait signe aux muses d'écouter

XII

La grecque et la parisienne
Font, parmi nos couples railleurs,
Comme à travers l'idylle ancienne,
La même course dans les fleurs.

Toutes deux sont l'amour, la joie,
Le coup d'œil tendre ou hasardeux,
Le caprice, et pour qu'on les voie
Elles se cachent toutes deux.

Toutes deux montrant leurs épaules
Pour dire oui prononcent non,

Et Galatée est sous les saules
Comme sous l'éventail Ninon.

Deux sœurs ! à qui la préférence ?
Pan hésite au fond des forêts
Entre l'Arcadie et la France,
Entre Théocrite et Segrais.

Romainville vaut le Taygète ;
Et, ramassant sur tous ses pas
Les bouquets que le temps lui jette,
L'églogue ne donnerait pas,

Dans sa clairière, où la noisette
A sa place à côté du lys,
Le bas bien tiré de Frisette
Pour les pieds nus d'Amaryllis.

XIII

Elle vint que j'étais en train de lire Homère.
Mes yeux étaient remplis de l'immense chimère
D'Achille et des combats que j'entendais hennir.

— Qu'est-ce que tu fais là? Veux-tu bien t'en venir!
Dit-elle; mais tu n'es qu'une bête! et la preuve,
C'est que tu ne vois pas que j'ai ma robe neuve.
Nous allons à Verrière, et nous y mangerons
De ces fraises qu'on trouve avec les liserons.
Vous serez sage. Ah çà! pas de vilaines choses!
Figure-toi qu'on dit que c'est tout plein de roses!
Tu choisis bien ton temps pour lire un vieux bouquin! —

Je me levai, je mis ma veste de nankin,
Et Suzon m'emmena, foulant sous sa bottine
Lemnos, Égialée et la roche Érythine.

XIV

COMMENCEMENT D'UNE ILLUSION

Il pleut; la brume est épaissie;
Voici novembre et ses rougeurs
Et l'hiver, effroyable scie
Que Dieu nous fait, à nous songeurs.

L'abeille errait, l'aube était large,
L'oiseau jetait de petits cris,
Les moucherons sonnaient la charge
A l'assaut des rosiers fleuris,

C'était charmant. Adieu ces fêtes,
Adieu la joie, adieu l'été,

Adieu le tumulte des têtes
Dans le rire et dans la clarté !

Adieu les bois où le vent lutte,
Où Jean, dénicheur de moineaux,
Jouait aussi bien de la flûte
Qu'un grec de l'île de Tinos !

Il faut rentrer dans la grand'ville
Qu'Alceste laissait à Henri ;
Où la foule encor serait vile
Si Voltaire n'avait pas ri.

Noir Paris ! tas de pierre morne
Qui, sans Molière et Rabelais,
Ne serait encor qu'une borne
Portant la chaîne des palais !

Il faut rentrer au labyrinthe
Des pas, des carrefours, des mœurs,
Où l'on sent une sombre crainte
Dans l'immensité des rumeurs.

Je regarderai ma voisine
Puisque je n'ai plus d'autre fleur. —
Sa vitre vague où se dessine
Son profil, divin de pâleur,

Son réchaud où s'enfle la crème,
Sa voix qui dit encor maman,
Gare! c'est le seuil d'un poëme,
C'est presque le bord d'un roman.

Ma voisine est une ouvrière
Au front de neige, aux dents d'émail,
Qu'on voit tous les soirs en prière
Et tous les matins au travail.

Cet ange ignore que j'existe
Et, laissant errer son œil noir,
Sans le savoir, me rend très triste
Et très joyeux sans le vouloir.

Elle est propre, douce, fidèle,
Et tient de Dieu, qui la bénit,
Des simplicités d'hirondelle
Qui ne sait que bâtir son nid.

XV

Cela la désennuie ; elle vit toute seule,
Elle est pauvre et travaille, elle n'est pas bégueule ;
Elle échange de loin, et pour se reposer,
Un regard, et parfois, de la main, un baiser
Avec un voisin, seul aussi dans sa mansarde.
Et c'est étrange comme un baiser qu'on hasarde
Sait son chemin, et comme il a le don vainqueur
De partir de la bouche et d'arriver au cœur.

Pourtant est-ce qu'elle aime ? Elle n'en est pas sûre.
Un baiser qui gaîment visite une masure,
Cela dore toujours un peu l'humble plafond.
Les songes, quand ce sont les pauvres qui les font,

Sont riches, et remplis de choses ineffables :
Ovide et ses romans, La Fontaine et ses fables
Ne sont rien à côté d'un cerveau de vingt ans
Qui fermente ; et le cœur d'une fille, au printemps,
Crée un ciel, trouve un monde, et dépasse en chimère
Le bon Pilpay, le bon Perrault, le bon Homère.

La chimère suffit, on s'attarde à rêver
Un dieu dans ce jeune homme, on ne sait quel lever
D'étoile en un grenier vaguement apparue,
Et l'on ne pense pas à traverser la rue.
Elle n'est pas Agnès, et lui n'est pas Platon ;
Et peut-être jamais ne se parlera-t-on.
Car l'amour ébauché quelquefois se prolonge
Dans la nuée au point de finir par un songe,
Et souvent, au moment où l'on croyait tenir
Une espérance, on voit que c'est un souvenir.

XVI

CE QUE DIT CELLE QUI N'A PAS PARLÉ

L'énigme ne dit pas son mot ;
Les flèches d'or ont des piqûres
Dont on ne parle pas tout haut ;
Souvent, sous les branches obscures,

Plus d'un tendre oiseau se perdit.
Vous m'avez souvent dit : je t'aime !
Et je ne vous l'ai jamais dit.
Vous prodiguez le cri suprême,

Je refusais l'aveu profond.
Le lac bleu sous la lune rêve
Et, muet, dans la nuit se fond.
L'eau se tait quand l'astre se lève.

L'avez-vous donc trouvé mauvais?
En se taisant le cœur se creuse,
Et, quand vous étiez là, j'avais
Le doux tremblement d'être heureuse.

Vous parliez trop, moi pas assez.
L'amour commence par de l'ombre;
Les nids, du grand jour sont blessés;
Les choses ont leur pudeur sombre.

Aujourd'hui — comme, au vent du soir,
L'arbre tristement se balance! —
Vous me quittez, n'ayant pu voir
Mon âme à travers mon silence.

Soit! nous allons nous séparer.
— Oh! comme la forêt soupire! —
Demain qui me verra pleurer
Peut-être vous verra sourire.

Ce doux mot qu'il faut effacer
— Je t'aime — aujourd'hui me déchire.
Vous le disiez sans le penser,
Moi, je le pensais sans le dire.

XVII

LA FIGLIOLA

Moins de vingt ans et plus de seize,
Voilà son âge; et maintenant
Dites tout bas son nom : Thérèse,
Et songez au ciel rayonnant.

Quel destin traversera-t-elle?
Quelle ivresse? quelle douleur?
Elle n'en sait rien; cette belle
Rit, et se coiffe d'une fleur.

Ses bras sont blancs; elle est châtaine;
Elle a de petits pieds joyeux,

Et la clarté d'une fontaine
Dans son regard mystérieux.

C'est le commencement d'une âme,
Un rien où tout saura tenir,
Cœur en projet, plan d'une femme,
Scénario d'un avenir.

Elle ignore; elle est gaie et franche;
Le dieu Hasard fut son parrain.
Elle s'évade le dimanche
Au bras d'un garnement serein.

Il est charmant, elle est bien faite,
Et Pantin voit, sans garde-fou,
Flâner cette Vénus grisette
Avec cet Apollon voyou.

Elle s'ébat comme les cygnes;
Et sa chevelure et sa voix
Et son sourire seraient dignes
De la fauve grandeur des bois.

Regardez-la quand elle passe;
On dirait qu'elle aime Amadis
A la voir jeter dans l'espace
Ses yeux célestes et hardis.

Ces blanches filles des mansardes
Aux tartans grossiers, aux traits fins,
Ont la liberté des poissardes
Et la grâce des séraphins.

Elles chantent des chants étranges
Mêlés de misère et de jour,
Et leur indigence a pour franges
Toutes les pourpres de l'amour.

XVIII

AMOUR SECRET

O toi d'où me vient ma pensée,
Sois fière devant le Seigneur!
Relève ta tête abaissée,
O toi d'où me vient mon bonheur!

Quand je traverse cette lieue
Qui nous sépare au sein des nuits,
Ta patrie étoilée et bleue
Rayonne à mes yeux éblouis.

C'est l'heure où cent lampes en flammes
Brillent aux célestes plafonds;

L'heure où les astres et les âmes
Échangent des regards profonds.

Je sonde alors la destinée,
Je songe à toi, qui viens des cieux,
A toi, grande âme emprisonnée,
A toi, grand cœur mystérieux !

Noble femme, reine asservie,
Je rêve à ce sort envieux
Qui met tant d'ombre dans ta vie,
Tant de lumière dans tes yeux !

Moi, je te connais tout entière
Et je te contemple à genoux ;
Mais autour de tant de lumière
Pourquoi tant d'ombre, ô sort jaloux ?

Dieu lui donna tout, hors l'aumône
Qu'il fait à tous dans sa bonté.
Le ciel qui lui devait un trône
Lui refusa la liberté.

Oui, ton aile, que le bocage
Et l'air joyeux réclame en vain,
Se brise aux barreaux d'une cage,
Pauvre grande âme, oiseau divin !

AMOUR SECRET.

Bel ange, un joug te tient captive,
Cent préjugés sont ta prison,
Et ton attitude pensive,
Hélas, attriste ta maison.

Tu te sens prise par le monde
Qui t'épie, injuste et mauvais.
Dans ton amertume profonde
Souvent tu dis : si je pouvais !

Mais l'amour en secret te donne
Ce qu'il a de pur et de beau,
Et son invisible couronne,
Et son invisible flambeau !

Flambeau qui se cache à l'envie,
Qui luit, splendide et clandestin,
Et qui n'éclaire de la vie
Que l'intérieur du destin.

L'amour te donne, ô douce femme,
Ces plaisirs où rien n'est amer,
Et ces regards où toute l'âme
Apparaît dans un seul éclair,

Et le sourire, et la caresse,
L'entretien furtif et charmant,
Et la mélancolique ivresse
D'un ineffable épanchement,

Et les traits chéris d'un visage,
Ombre qu'on aime et qui vous suit,
Qu'on voit le jour dans le nuage,
Qu'on voit dans le rêve la nuit,

Et les extases solitaires
Quand tous deux nous nous asseyons
Sous les rameaux pleins de mystères
Au fond des bois pleins de rayons ;

Purs transports que la foule ignore,
Et qui font qu'on a d'heureux jours
Tant qu'on peut espérer encore
Ce dont on se souvient toujours.

Va, sèche ton bel œil qui pleure,
Ton sort n'est pas déshérité.
Ta part est encor la meilleure,
Ne te plains pas, ô ma beauté !

Ce qui manque est bien peu de chose
Quand on est au printemps vermeil,

AMOUR SECRET.

Et quand on vit comme la rose
De parfums, d'ombre et de soleil.

Laisse donc, ô ma douce muse,
Sans le regretter un seul jour,
Ce que le destin te refuse
Pour ce que te donne l'amour !

XIX

Oh ! dis, te souviens-tu de cet heureux dimanche ?
— Neuf juin ! — Sur les rideaux de mousseline blanche
Le soleil dessinait l'ombre des vitres d'or.

Il te nommait son bien, sa beauté, son trésor.
Tu songeais dans ses bras. Heures trop tôt passées !
Oh ! comme tendrement vous mêliez vos pensées !
Dehors tout rayonnait, tout rayonnait en vous,
Et vos ravissements faisaient le ciel jaloux.
Tes yeux si vifs brillaient, pleins d'un vague sourire.
Aux instants où les cœurs se parlent sans rien dire,
Il voyait s'éclairer de pudeur et d'amour,
Comme une eau que reflète un ciel d'ombre et de jour,

Ton visage pensif, tour à tour pâle et rose ;
Et souvent il sentait, ô la divine chose !
Dans ce doux abandon, des anges seul connu,
Se poser sur son pied ton pied charmant et nu.

XX

Je suis naïf, toi cruelle ;
Et j'ai la simplicité
De brûler au feu mon aile
Et mon âme à ta beauté.

Ta lumière m'est rebelle
Et je m'en sens dévorer ;
Mais la chose sombre et belle
Et dont tu devrais pleurer,

C'est que, toute mutilée,
Voletant dans le tombeau,
La pauvre mouche brûlée
Chante un hymne au noir flambeau.

XXI

L'IDYLLE DE FLORIANE

I

La comtesse Floriane
S'éveilla comme les bois
Chantaient la vague diane
Des oiseaux, à demi-voix.

Quand elle fut habillée,
Comme pour Giulietta
Toute la sombre feuillée
Amoureuse palpita.

Et quand, blanche silhouette,
Sur le balcon du préau,
Elle apparut, l'alouette
Chercha des yeux Roméo.

J'accourus à tire d'ailes,
Car c'est mon bonheur de voir
Le matin lever les belles
Et les étoiles le soir.

II

A l'heure où, chassant le rêve,
L'aube ouvre les firmaments,
C'est le moment, filles d'Ève,
D'aller voir des diamants;

Toute une bijouterie
Brille à terre au jour serein;
L'herbe est une pierrerie,
Et l'ortie est un écrin;

Des rubis dans les nymphées,
Des perles dans les halliers;
Et l'on dirait que les fées
Ont égrené leurs colliers.

Et nous nous mîmes à faire
Un bouquet dans l'oasis;
Et la fleur qu'elle préfère
Est celle que je choisis.

III

Gaie, elle sautait dans l'herbe
Comme la belle Euryant,
Et, montrant le ciel superbe,
Soupirait en souriant.

— J'aimerais mieux, disait-elle,
Courir dans ce beau champ bleu,
Cueillant l'étoile immortelle,
Quitte à me brûler un peu;

Mais, vois, c'est inaccessible.
(Car elle me tutoyait).
Puisque l'astre est impossible,
Contentons-nous de l'œillet. —

IV

Aucune délicatesse
N'est plus riante ici-bas
Que celle d'une comtesse
Mouillant dans l'herbe ses bas.

Au gré du vent qui la mène,
Dans les fleurs, dans le gazon,
La beauté de Célimène
Prend les grâces de Suzon.

Elle montrait aux pervenches,
Aux verveines, sous ses pas,
Ses deux belles jambes blanches,
Qu'elle ne me cachait pas.

On se tromperait de croire
Que les bois n'ont pas des yeux
Et, dans leur prunelle noire,
Plus d'un rayon très joyeux.

Souvent tout un bois s'occupe
A voir deux pieds nus au bain,

Ou ce frisson d'une jupe
Qui fait trembler Chérubin.

Les bleuets la trouvaient belle ;
L'air vibrait ; il est certain
Qu'on était fort épris d'elle
Dans le trèfle et dans le thym.

Quand ses légères bottines
Enjambaient le pré charmant,
Ce tas de fleurs libertines
Levait la tête gaîment.

Et je disais : Prenez garde,
Le muguet est indécent.
Et le liseron regarde
Sous votre robe en passant.

V

Ses pieds fuyaient... — Quel délire
D'errer dans les bois chantants !
Oh ! le frais et divin rire
Plein d'aurore et de printemps !

Une volupté suprême
Tombait des cieux entr'ouverts.
Je suivais ces pieds que j'aime;
Et, dans les quinconces verts,

Dans les vives cressonnières,
Moqueurs, ils fuyaient toujours;
Et ce sont là les manières
De la saison des amours.

J'admire, ô jour qui m'enivre,
O neuf sœurs, ô double mont !
Les savants qui font des livres
D'être les taupes qu'ils sont,

De fermer leur regard triste
A ce que nous contemplons,
Et, quand ils dressent la liste
Des oiseaux, des papillons,

Des mille choses ailées,
Moins près de nous que des cieux,
Qui volent dans les allées
Du grand parc mystérieux,

Dans les prés, sous les érables,
Au bord des eaux, clairs miroirs,
D'oublier, les misérables,
Ces petits brodequins noirs!

VI

Nous courions dans les ravines,
Le vent dans nos cheveux bruns,
Rançonnés par les épines,
Mais payés par les parfums.

Chaque fleur, chaque broussaille,
L'une après l'autre attirait
Son beau regard, où tressaille
La lueur de la forêt.

Elle secouait leurs gouttes ;
Tendre, elle les respirait,
Et semblait savoir de toutes
La moitié de leur secret.

Un beau buisson plein de roses
Et tout frissonnant d'émoi

Se fit dire mille choses
Dont j'aurais voulu pour moi.

Ému, j'en perdais la tête.
Comment se rassasier
De cette adorable fête
D'une femme et d'un rosier !

Elle encourageait les branches,
Les fontaines, les étangs
Et les fleurs rouges ou blanches,
A nous faire un beau printemps.

Comme elle était familière
Avec les bois d'ombre emplis !
— Pardieu, disait un vieux lierre,
Je l'ai vue autrefois lys !

VII

Quel bouquet nous composâmes !
Pour qu'il durât plus d'un jour,
Nous y mîmes de nos âmes ;
La comtesse, tour à tour

M'offrant tout ce qui se cueille,
Jouait à me refuser
La rose ou le chèvrefeuille
Pour m'accorder le baiser.

Les ramiers et les mésanges
Nous enviaient par moments ;
Nous étions déjà des anges
Quoique pas encore amants.

Seulement, son cœur dans l'ombre
M'appelait vers son corset ;
Au fond de mon rêve sombre
Une alcôve frémissait.

Quoique plongés aux ivresses,
Quoique égarés et joyeux,
Quoique mêlant des caresses
Aux profonds souffles des cieux,

Nous avions ce bonheur calme
Qui fait que le séraphin
Trouve un peu lourde sa palme,
Et voudrait être homme enfin.

Car là-haut même, ô mystère,
Il faut, et je vous le dis,
Un peu de chair et de terre
Pour qu'un ciel soit paradis.

23 juin 1850.

XXII

Garde à jamais dans ta mémoire,
 Garde toujours
Le beau roman, la belle histoire
 De nos amours !

Moi, je vois tout dans ma pensée,
 Tout à la fois !
La trace par ton pied laissée
 Au fond des bois,

Les champs, les pelouses qui cachent
 Nos verts sentiers,

Et ta robe blanche où s'attachent
　　　Les églantiers,

Comme si ces fleurs amoureuses
　　　Disaient tout bas :
— Te voilà ! nous sommes heureuses !
　　　Ne t'en va pas !

Je vois la profonde ramée
　　　Du bois charmant
Où nous avions, toi, bien aimée,
　　　Moi, bien aimant ;

Où du refus tendre et farouche
　　　J'étais vainqueur,
Où ma bouche cherchait la bouche,
　　　Ton cœur mon cœur !

Viens ! la saison n'est pas finie,
　　　L'été renaît.
Cherchons la grotte rajeunie
　　　Qui nous connaît ;

Là, le soir, à l'heure où tout penche,
　　　Où Dieu bénit,
Où la feuille baise la branche,
　　　L'aile le nid,

Tous ces objets saints qui nous virent
         Dans nos beaux jours
Et qui, tout palpitants, soupirent
         De nos amours,

Tous les chers hôtes du bois sombre
         Pensifs et doux,
Avant de s'endormir, dans l'ombre,
         Parlent de nous.

Là, le rouge-gorge et la grive
         Dans leurs chansons,
Le liseron et, dans l'eau vive,
         Les verts cressons,

La mouche aux ailes d'or qui passe,
         L'onde et le vent,
Chuchotent sans cesse à voix basse
         Ton nom charmant.

Jour et nuit, au soir, à l'aurore,
         A tous moments,
Entre eux ils redisent encore
         Nos doux serments.

Viens, dans l'antre où nous les jurâmes,
  Nous reposer!
Viens! nous échangerons nos âmes
  Dans un baiser!

XXIII

— Ah çà mais ! quelle idée as-tu, capricieuse,
De vouloir qu'à cette heure où, sous la verte yeuse,
L'herbe s'offre à nos pas dans le bois attiédi,
Je te parle d'Eylau, d'Essling et de Lodi ?
Parlons de notre amour et non de la bataille.
Oui, nos aïeux régnaient par la guerre, et leur taille
Était haute, et mon père était un des géants ;
Et nous, s'il faut demain braver les flots béants
Et subir les cieux noirs après les jours prospères,
Nous, les fils, nous ferons comme faisaient nos pères ;
Nous combattrons comme eux, dût-on être engloutis,
Avec un cœur égal et des bras plus petits,
Et le monde entendra notre clairon sonore.
Mais aujourd'hui je t'aime et tu m'aimes ; l'aurore

Emplit les champs, emplit les cieux, emplit nos cœurs ;
Les moineaux aisément sont d'Horace moqueurs
Lorsqu'il a près de lui Barine émue et rose
Et qu'il passe son temps à parler d'autre chose.
Vais-je donc étonner ces prés, ces bois, ces eaux,
Par un homme ayant moins d'esprit que les oiseaux?
C'est pour le jeune amour que les forêts sont faites.
Belle, ne me rends pas ridicule aux fauvettes.
Sois clémente, et comprends qu'en de si charmants lie
C'est plutôt aux enfants qu'on pense qu'aux aïeux.
Veux-tu fâcher les fleurs par nos façons moroses ?
Veux-tu nous mettre mal avec toutes ces roses?
Si j'ai dit que je suis discret, je te trompais.
Belle, ici, tout est joie, accord, silence, paix ;
Les champs et les vallons sont des choses calmées.
Vois ces grottes où rit l'ondine aux mains palmées ;
Vois ces halliers qu'un dieu mystérieux bénit ;
La branche n'a qu'un but, c'est de cacher un nid ;
C'est l'amour qui ravit les rossignols, doux chantres ;
Les poursuites d'amants aboutissent aux antres ;
La nature n'est qu'une alcôve ; et c'est Vénus
Dont on distingue au fond de l'ombre les seins nus.
Janvier part, floréal accourt ; le dialogue
De l'hiver qui bougonne avec la vive églogue
Tourne en querelle, et l'air est plein d'un vague chant
Qui fait que la beauté n'a point le cœur méchant.
Les arbres ont besoin, belles, de votre rire ;
Une joie espiègle est mêlée au zéphyre ;
La pomme d'Ève, aux mains de Galatée, atteint
Virgile ; et tout serait manqué, maussade, éteint,
Si Chloé, que les nids couvrent de gais murmures,
Ne barbouillait le vieux Silène avec des mûres ;

Et, si Lydie entre eux n'était comme un démon,
Ménalque ne saurait que dire à Palémon.
Aime, et baigne en chantant tes pieds nus dans la source;
Les rires étouffés, belle, sont la ressource
Des taillis ténébreux et des cœurs palpitants.
O profondeur sauvage et fraîche du printemps!
On entend alterner des flûtes sous les chênes.
Quel est le maître? Éros. Et quelles sont les chaînes?
Les rayons, les parfums, les soupirs, les chansons,
Et l'entrelacement des fleurs dans les buissons.
Cette nature au flanc sacré n'est pas contente
Si vous êtes chez elle et que rien ne vous tente.
Belle, vois cette idylle immense, l'horizon!
Vois la fougère et l'herbe et ses bancs de gazon;
Crois-tu que de cette ombre et de ce paysage
Il sorte le conseil insensé d'être sage,
D'être froid, de ne point s'approcher de trop près,
D'être sourd aux instincts, d'être aveugle aux attraits,
De refuser d'entrer dans l'amour, douce école,
Et de substituer Wagram, Jemmape, Arcole,
Les révolutions, la patrie en péril,
Et la rauque bataille au tendre hymen d'avril?
Belle, ayons pour affaire unique l'arrivée
Du premier souffle tiède échauffant la couvée,
L'éclosion du lys des étangs, les rameaux
Où le nid et le vent jasent à demi-mots,
La pénétration du soleil dans les feuilles,
Le clair-obscur des eaux, le bouquet que tu cueilles,
Le parfum qui te plaît, la clarté que tu vois,
L'herbe et l'ombre, et l'amour, mélodie à deux voix!
Ici, Pan cherche Astrée et Faune guette Flore.
Ne mêlons pas la guerre à toute cette aurore,

A moins que ce ne soit la guerre des baisers.
Soyons des cœurs ardents l'un par l'autre apaisés.
Aimons. Le mois de mai, c'est la saison lucide.
Kléber pas plus qu'Ajax, Marceau pas plus qu'Alcide,
N'ont que faire en ces champs pleins de molles faveurs
Où le printemps chuchote au fond des bois rêveurs ;
Car Homère ne peut qu'effarer Théocrite ;
Moschus craint l'épopée avec le glaive écrite,
Et le groupe dansant et chantant des bergers
Fuit devant le divin Achille aux pieds légers. —

Alors elle m'a dit dans la saison des roses :

— Ami, ne croyez pas que j'écoute ces choses ;
Je ne vous en veux pas ; je sais que c'est ainsi
Qu'on parle à sa maîtresse, à son esclave aussi.
Oui, l'aube au fond des bois ébauche un frais sourire,
Le doux avril accourt avec un bruit de lyre ;
Les oiseaux, sur qui rien ne pèse, sont contents ;
Oui, ce qui doit emplir nos cœurs, c'est le printemps,
C'est l'idylle, c'est Flore et Maïa, c'est Astrée,
C'est l'éden... C'est aussi la tristesse sacrée.
Toutes les fleurs ont beau me fêter à l'envi,
Je songe au noir clocher de Strasbourg asservi,
Et je vois, à travers l'églogue pleine d'ombre,
Au fond de l'horizon, la grande flèche sombre.
Ah ! parlez-moi de guerre ! Où sont les fiers défis ?
Penser à ses aïeux, c'est penser à ses fils.

C'est pour faire un héros qu'il est beau d'être femme ;
Tâchons de repuiser aux cieux quelque vieille âme ;
Scellons un grand hymen ! Je vous aime pourtant ;
Mais, dans cet obscur bois farouche et palpitant,
C'est l'indignation, non l'amour, qui me dompte ;
On n'a pas de pudeur quand on a de la honte ;
Je le dis, mon pays est ma seule rougeur,
Je ne veux d'un baiser que s'il crée un vengeur !

XXIV

A UNE IMMORTELLE

Quoi! vous, gloire, auréole, éblouissement, grâce,
Vous qui ne passez pas, vous craignez ce qui passe?
Comment! vous la beauté céleste, vous craignez,
Déesse, la beauté d'en bas! Vous qui régnez,
Vous redoutez l'éclat éphémère de celles
Qu'avril jette et qui sont comme ses étincelles,
Qui, comme la verveine et la sauge et le thym,
Naissent dans la lueur fuyante du matin,
Embaument un moment les prés et les charmilles,
Et qui durent autant que l'aube, étant ses filles?
Vous, jalouse! de qui? vous troublée! et pourquoi?
Le jour sans nuit, c'est vous; l'amour sans fin, c'est toi.
Qui peut-elle envier, celle que tout envie?
Qui donc détrônerait du trône de la vie,

La beauté? Qui pourrait saisir ce diamant,
Vénus, et l'arracher du front du firmament?
Sois calme en ton azur. Que t'importe, à toi, flamme,
Clarté, splendeur, toujours présente comme une âme,
A toi l'enchantement de l'abîme vermeil,
Faite pour le baiser éternel du soleil,
Qu'un rayon en passant sur une fleur se pose?
L'étoile au fond des cieux n'a pas peur de la rose.

Champs-Élysées, 7 juillet 1871.

XXV

Horace, et toi, vieux La Fontaine,
Vous avez dit : Il est un jour
Où le cœur qui palpite à peine
Sent comme une chanson lointaine
Mourir la joie et fuir l'amour.

O poëtes, l'amour réclame
Quand vous dites : « Nous n'aimons plus,
Nous pleurons, nous n'avons plus d'âme,
Nous cachons dans nos cœurs sans flamme
Cupidon goutteux et perclus. »

Le temps d'aimer jamais ne passe ;
Non, jamais le cœur n'est fermé !
Hélas ! vieux Jean, ce qui s'efface,
Ce qui s'en va, mon doux Horace,
C'est le temps où l'on est aimé.

XXVI

A force de rêver et de voir dans la plaine
Une fille aux yeux bleus aller à la fontaine,
Gad s'aperçut un jour qu'il était amoureux.
Plus de sommeil. Où fuir ce souci douloureux?
Il voulut s'en guérir, mais tout fut inutile.
Triste, il alla s'asseoir aux portes de la ville,
Et, voyant un vieillard qui passait, il lui dit :
— A mon aide, seigneur! -- Le vieillard l'entendit
Et vint. C'était un homme à longue barbe grise.
Les palmiers frissonnaient au souffle de la brise ;
Le soleil se couchait dans le désert poudreux.
— Qu'as-tu? dit le vieillard. — Je suis très malheureux,
Dit Gad ; puis il reprit : — Hélas ! j'aime une femme !

— J'avais, dit le vieillard, ce mal cuisant dans l'âme
Quand j'étais un jeune homme aux yeux clairs et brillants
Comme toi. Maintenant mes cheveux sont tout blancs,
Mon front tremble, mon œil s'éteint, l'âge me glace,
Et pour moi tout est sombre, et chaque jour qui passe
Est de la nuit qui tombe, et, sans air, sans soutien,
Je souffre! et c'est mon mal de n'avoir plus le tien.

VII

I

LA BLANCHE AMINTE

— Çà, dit-il, que t'en semble,
Écho? si nous faisions une chanson ensemble?

Sitôt qu'Aminte fut venue
   Nue,
Devant le dey qui lui semblait
   Laid,

Plus blanche qu'un bloc de Carrare
   Rare,
Elle défit ses cheveux blonds
   Longs.

Alors, ô tête de l'eunuque,
 Nuque
Du bostangi, tu le courbas
 Bas.

Le bassa, dont l'amour enflamme
 L'âme,
A ses pieds laissa son mouchoir
 Choir,

En disant : — Ne sois pas rebelle,
 Belle,
Tes pieds blancs et tes blonds cheveux
 Veux.

Or, c'était le bassa d'Épire,
 Pire
Qu'un vrai moine et plus qu'un manchot
 Chaud,

Faisant turques et circassiennes
 Siennes,
Et pour soi seul en nourrissant
 Cent.

Donc, à sa parole exigeante,
         Gente
Aminte ne dit au vaurien
         Rien.

Elle inclina son cou de cygne,
         Signe
Qu'elle trouvait le vieux corbeau
         Beau.

Quand ses femmes virent Aminte,
         Mainte
Jalouse idée à plus de vingt
         Vint.

Longtemps le sérail infidèle
         D'elle
Parla, puis de ses cheveux blonds
         Longs,

Les blanches qu'à Chypre on rencontre
         Contre,
Et les noires de Visapour
         Pour.

3 janvier 1827.

II

LE PRINCE FAINÉANT

> Il n'est trésor que de vivre à son aise.
> VILLON.

Guy, mon père,
N'use point
A rien faire
Son pourpoint,
Pas de fête
Qu'il n'apprête,
Casque en tête,
Dague en poing.

Mon grand-père,
Navarrois,

Fit la guerre
Pour la croix,
Sous Alonze
Cœur de bronze,
En l'an onze
Cent vingt-trois.

Jean de Mesme,
Mon aïeul,
Qui dort blême
Au linceul,
Dans Toulouse
La jalouse,
Contre douze
Luttait seul.

Mes ancêtres
Fort vantés,
Portaient, maîtres
Des comtés,
Sur la marge
D'un dos large
Une charge
De cités.

L'un d'eux, Eudes
De Montfort,
Fut des leudes
Le plus fort ;

Son épaule
Jusqu'au pôle
Portait Dôle
Sans effort.

Le grand-père
De ceux-là,
Noir sicaire
D'Attila,
Vieille lame,
Eut dans l'âme
Plus de flamme
Que l'Hékla.

Moi, leur mince
Suppléant,
Suis le prince
Fainéant.
Mon bras casse
S'il déplace
Leur cuirasse
De géant.

Car, d'entailles
Moins friand,
Des batailles
Souriant,
Tout me lasse,
Fêtes, chasse,

Dire : grâce,
En priant.

Même aux belles
J'ai mépris,
Et loin d'elles
Mon cœur pris
Laisse, en somme,
Faire un somme
Aux cerfs, comme
Aux maris.

1828.

III

CE QUE GEMMA PENSE D'EMMA

Que fait l'orfèvre? Il achève
Quelque anneau mystérieux.
Sa boutique semble un rêve
Qu'emplissent de vagues yeux ;

L'opale est une prunelle,
La turquoise est un regard ;
La flamme tremble éternelle
Dans l'œil du rubis hagard.

L'émeraude en sa facette
Cache une ondine au front clair ;

La vicomtesse de Cette
Avait les yeux verts de mer.

Le diamant sous son voile
Rêve, des cieux ébloui ;
Il regarde tant l'étoile
Que l'étoile entre dans lui.

L'ambre est une larme austère ;
Le saphir au chaste feu
Est devenu bleu sous terre
Tant il a contemplé Dieu.

Une femme chez l'orfèvre
Entre, sourire éclatant ;
Les paroles sur sa lèvre
Battent de l'aile en chantant.

Elle porte un châle à palmes,
Un chapeau rose charmant ;
Autour de ses grands yeux calmes
Tout frissonne doucement.

Elle brille et jase, et semble
Lueur, parfum, colibri ;
Si belle que le cœur tremble,
S'étonne, et cherche un abri.

Où va-t-elle ? d'où sort-elle ?
D'où sort l'aube ? où va le jour ?
Elle est la joie, étincelle
De cette flamme, l'amour.

Le peuple à la vitre admire,
D'un œil tendre et transporté,
Les femmes le cachemire
Et les hommes la beauté.

Tous l'appellent fée ou reine,
Astre, ange des cieux venu,
Et se sentent pleins de haine
Pour son amant inconnu.

Elle est blanche, aimable, exquise,
Folle et gaie ; et, sans combats,
Toute la foule est conquise ;
Chacun soupire tout bas :

Je voudrais être... — et se nomme
Quelque idéal triomphant·
— Son ami ! dit un jeune homme.
— Son mari ! dit un enfant.

Qu'est-ce donc que cette femme ?
C'est une femme. Cela,
Quand Dieu fit la première âme,
Naquit et l'ensorcela.

Elle choisit chez l'orfèvre
Tous les beaux joyaux tremblants ;
Et l'or semble avoir la fièvre
Entre ces petits doigts blancs.

Elle prend tout, la pirate :
L'aigue, sœur des gouttes d'eau,
Les agates de Surate
Et les émaux du Lido,

Et la parure complète
De sardoine et de béryl.
Elle éclate à chaque emplette
D'un doux rire puéril.

La perle voit cette belle.
Pourquoi fuir, perle au doux front ?
— J'aime mieux la mer, dit-elle ;
C'est moins sombre et moins profond.

5 avril 1855.

IV

VASE DE CHINE

A LA PETITE CHINOISE Y-HANG-TSEI

Vierge du pays du thé,
Dans ton beau rêve enchanté,
Le ciel est une cité
Dont la Chine est la banlieue.

Dans notre Paris obscur
Tu cherches, fille au front pur,
Tes jardins d'or et d'azur
Où le paon ouvre sa queue;

Et tu souris à nos cieux.
A ton âge un nain joyeux,
Sur la faïence des yeux
Peint l'innocence, fleur bleue.

1er décembre 1851.

V

MAUVAISES LANGUES

Un pigeon aime une pigeonne !
Grand scandale dans le hallier
Que tous les ans mai badigeonne.
Une ramière aime un ramier !

Leur histoire emplit les charmilles.
Par les leurs ils sont compromis.
Cela se voit dans les familles
Qu'on est entouré d'ennemis.

Espionnage et commérage,
Rien ne donne plus d'âcreté,

De haine, de vertu, de rage
Et de fiel, qu'un bonheur guetté.

Que de fureur sur cette églogue !
L'essaim volant aux mille voix
Parle, et mêle à son dialogue
Toutes les épines des bois.

L'ara blanc, la mésange bleue,
Jettent des car, des si, des mais,
Où les gestes du hoche-queue
Semblent semer des guillemets.

« — J'en sais long sur la paresseuse !
Dit un corbeau, juge à mortier.
« — Moi, je connais sa blanchisseuse.
« — Et moi, je connais son portier.

« — Certe, elle n'est point sauvagesse !
« — Est-on sûr qu'ils soient mariés ?
« — Voilà, pour le prix de sagesse,
Deux pigeons bien avariés ! »

Le geai dit : Leurs baisers blasphèment !
Le pinson chante : Ça ira.
La linotte fredonne : Ils s'aiment.
La pie ajoute : Et cætera.

MAUVAISES LANGUES.

On lit que vers elle il se glisse
Le soir, avec de petits cris,
Dans le rapport à la police
Fait par une chauve-souris.

Le peuple ailé s'indigne, lance,
Fulmine un verdict, lance un bill.
Tel est le monde. Une sentence
Redoutable sort du babil.

Cachez-vous, Rosa. Fuyez vite,
Loin du bavardage acharné.
L'amourette qu'on ébruite
Est un rosier déraciné.

Tout ce conte, ô belle ineffable,
Doit par vous être médité.
Prenez garde, c'est une fable,
C'est-à-dire une vérité.

VI

A UN RAT

*

O rat de là-haut, tu grignotes
Dans ton grenier, ton oasis,
Les Pontmartins et les Nonottes
  Moisis.

Tu vas, flairant de tes moustaches
Les vieux volumes qu'ont ornés
De tant d'inexprimables taches
  Les nez.

Rat, tu soupes et tu déjeunes
Avec des romans refroidis,
Des vers morts, et des quatrains jeunes
    Jadis.

O rat, tu ronges et tu songes !
Tu mâches dans ton galetas
Les vieux dogmes et les vieux songes
    En tas.

C'est pour toi qui gaîment les fêtes
Qu'écrivent les bons Patouillets ;
C'est pour toi que les gens sont bêtes
    Et laids.

Rat, c'est pour toi qui les dissèques
Que les sonnets et les sermons
Disent dans les bibliothèques :
    Dormons !

Pour toi, croulent les noms postiches,
Tout à bien pourrir réussit,
La rime au bout des hémistiches
    Rancit.

A UN RAT.

C'est pour toi qu'en ruine tombe
L'amas difforme des grimauds ;
C'est pour toi que grouille la tombe
      Des mots.

C'est pour toi, rat, dans ta mansarde,
Que Garasse se fait vieillot ;
Et c'est pour toi que se lézarde
      Veuillot.

La postérité, peu sensible,
Traite ainsi l'œuvre des pédants :
La nuit dessus ; toi, rat paisible,
      Dedans.

Le public incivil se sauve
Devant ces bouquins d'aujourd'hui
Où gît, comme au fond d'une alcôve,
      L'ennui ;

Toi, tu n'as point de ces faiblesses.
On reconnaît, ô rat poli,
Au coup de dent que tu lui laisses
      L'oubli.

*

C'est égal, je te plains ; contemple
La-bas, sous les cieux empourprés,
Le lapin dans l'immense temple
  Des prés.

Il va, vient, boit l'encens, s'enivre
De rayons, de vie et d'azur,
Pendant que tu mords dans un livre
  Trop mûr.

L'aurore est encore en chemise,
Que lui, debout, il se nourrit ;
Sa nappe verte est toujours mise ;
  Il rit,

Il est le roi de la clairière ;
Il contemple, point soucieux,
Tranquille, assis sur son derrière,
  Les cieux.

Il fait toutes sortes de mines
A la prairie, à l'aube en feu,

A UN RAT.

Aux corolles, aux étamines,
    A Dieu.

Télégraphe de l'herbe fraîche,
Ses deux pattes à chaque instant
Jettent au ciel cette dépêche :
    Content !

En plein serpolet il patauge.
Vois, il est vorace et railleur.
Compare : il broute, lui, la sauge
    En fleur,

L'anis, le parfum, la rosée,
Le trèfle, la menthe et le thym ;
Toi, l'*Ermite de la Chaussée*
    D'Antin.

1859.

VII

Danseuse, écoute-moi. Le Dieu du firmament,
Qui créa l'aube pure et fit ton front charmant,
A tout ce qui contient le bonheur, jeune fille,
Attache de sa main quelque chose qui brille
D'un éclat à la fois chimérique et réel,
La paillette à la jupe et l'étoile à son ciel.

1839.

VIII

LE PORCHE DE SAINT-LUC

Le porche de Saint-Luc, sur un vieux fût de pierre,
S'appuie, et porche et fût ne sont plus qu'herbe et lierre.

Au noir pilier s'adosse un homme singulier,
Plus grave et mieux assis au rebord du pilier
Qu'un archevêque en chaire ou qu'un juge en grand'chambre ;
Vieillard morne et hideux comme le mois Décembre
Et dont vous auriez peur, madame, je le crois,
Plus que d'un beau bandit rencontré dans un bois ;
On frémit d'un serpent moins que d'une chenille.
C'est un mendiant roux, vêtu d'une guenille,
Qui se confond, ridé, sordide et chevelu
Avec la borne grise et le mur vermoulu.

Sur ce vieillard narquois vont pleuvant les monnaies.
Le pilier n'est que lèpre et l'homme n'est que plaies.
Par Hercule ! on est prêt à jurer que ce vieux
Un beau matin germa dans ce bloc chassieux,
Et, pareil au gui noir qui sur le chêne pousse,
Couvert de barbe ainsi que la pierre de mousse,
Sortit, comme une fleur qui s'ouvre aux papillons,
Des fentes du granit avec tous ses haillons ;
Si bien que, maintenant, grimaçant sur la rue,
Il est du vieux pilier la vivante verrue.

Homme étrange entre tous, qui vous ferait affront,
Qui, sans trop s'émouvoir, verrait votre beau front,
Vos longs cheveux, dorés comme les cheveux d'Ève,
Votre bouche qui rit, votre regard qui rêve,
Et leur préférerait — est-il sage ? est-il fou ? —
Le profil d'un vieux roi gravé sur un gros sou !

1812.

IX

QUAI DE LA FERRAILLE

CHŒUR DES RACOLEURS

Nous sommes les sergents recruteurs. Pour la gloire,
Pour l'empire, pour être illustres dans l'histoire,
Il faut des meurtriers au roi; nous en cherchons.

Pour faire des drapeaux, nous prenons des torchons;
Pour faire des héros, nous prenons des canailles.
Nous rions en ouvrant dans l'ombre nos tenailles;
Qui se fie au sourire est pincé par l'étau.
Le froid, la faim, la soif sont des coups de marteau
Qui donnent une forme obscure aux misérables;
Mais, pourvu qu'il leur reste un œil fier, de bons râbles,

Des vices, de la rage et des instincts fougueux,
Ils sont notre gibier. Nous épluchons les gueux;
Nous trions les gredins; nous passons à nos cribles
Toutes sortes de gens sauvages et terribles;
Les méchants sont les bons; les sanglants sont les beaux.
Ils deviendront vautours, ayant été corbeaux.

A nous tout ce qui traîne! à nous tout ce qui passe!
Sa majesté nous dit : Sergents, faites main basse;
Elle nous livre en bloc le tas des mendiants;
Nous lui rendons des Cids et des Esplandians.
Nous avons carte blanche et pleins pouvoirs pour faire
L'armée horrible ainsi que le roi la préfère;
Nous enrôlons des loups, des ours, des juifs de choix,
Et de bons allemands qui paient les pourchois;
Nous prenons un coquin, faux boiteux, faux aveugle,
Nous l'offrons gentiment à Bellone qui beugle;
Et plus tard il aura, rampant, sur les pavés,
La jambe de bois vraie et de vrais yeux crevés.

Nous montrons à qui veut les voir nos tours fort drôles,
Nos trucs, nos fleurs de lys, parfois sur nos épaules,
Nos façons de tricher aux cartes, nos galons,
Nos plumets, notre sabre, et jamais nos talons,
Nous régnons; nous dressons nos fières silhouettes,
Étant tous très voleurs et même un peu poètes.
On nous suit. Si ce n'est de force, c'est de gré.
Que c'est beau, l'épaulette et le colback tigré!
Qui veut de l'or? Venez, manants, notre escarcelle
S'offre, brille, éblouit le pauvre, et le harcèle!

Quand nous voyons passer des moines, nous louchons
Du côté de ces gars masqués de capuchons;
En fait de va-nu-pieds, nous préférons les carmes;
Pour les guerres, les camps, les clairons, les vacarmes,
Les sacs et les viols, on prend des assassins
Et des larrons, à moins qu'on n'ait des capucins;
Les abbés défroqués sont d'admirables reîtres,
Et nos meilleurs bandits sont faits avec des prêtres.
Un casque sied au prêtre, aussi bien qu'un turban.

Beau sexe, attention! Tambours, battez un ban.
En pêchant ces messieurs les héros en eau trouble,
On sert Mars et Vénus, et nous faisons coup double.
Les dames, grâce à nous, ne manquent point d'amants,
Vu que nous fournissons l'état de garnements.
L'enfant Amour, crieur public, annonce et braille
Le départ pour Cythère au quai de la Ferraille;
Cypris, étant déesse et toute nue, aurait
Grand tort de ne point suivre Ajax au cabaret.
Achille a pour Catau des façons très civiles.
Les grenadiers — battez, tambours! — ça prend les villes
Et les mentons; c'est gai, féroce et tapageur.
Babet devant Fanfan sent une humble rougeur;
Les belles ont le goût des héros, et le mufle
Hagard d'un scélérat superbe sous le buffle
Fait bâiller tendrement l'hiatus des fichus;
Quand passe un tourbillon de drôles moustachus,

Hurlant, criant, affreux, éclatants, orgiaques,
Un doux soupir émeut les seins élégiaques.
Quels beaux hommes! housard ou pandour, le sabreur
Effroyable, traînant après lui tant d'horreur
Qu'il ferait reculer presque la sombre Hécate,
Charme la plus timide et la plus délicate.
Rose, qui ne voudrait toucher qu'avec son gant
Un honnête homme, prend la griffe d'un brigand,
Et la baise. Telle est la femme. Elle décerne
Avec emportement son âme à la caserne;
Elle garde aux bourgeois son petit air bougon.
Toujours la sensitive adora le dragon.
Sur ce, battez, tambours! Ce qui plaît à la bouche
De la blonde aux doux yeux, c'est le baiser farouche;
La femme se fait faire avec joie un enfant
Par l'homme qui tua, sinistre et triomphant,
Et c'est la volupté de toutes ces colombes
D'ouvrir leurs lits à ceux qui font ouvrir les tombes.

31 mars 1870.

X

COMÉDIES INJOUABLES
QUI SE JOUENT SANS CESSE

I

La marquise Antoinette.

PERSONNAGES

ANTOINETTE, marquise ayant épousé un vieux; autrefois grisette; 30 ans.
ADOLPHE, bon état; 18 ans.
LE DIABLE, souffleur.

Un salon.

ADOLPHE, à part.

Elle est seule.

LA MARQUISE ANTOINETTE, à part.

C'est lui.

ADOLPHE, à part.
              Profitons du moment.
        Il s'arrête et l'admire.
Qu'elle est belle !

            ANTOINETTE, sans se déranger de son attitude.
                Bonjour, Adolphe.
                           A part.
                            Il est charmant !

            ADOLPHE, à part.
C'est l'étoile Vénus !
        Il salue.
                Madame la marquise...
        A part.
Comme elle est adorable et comme elle est exquise
Avec son bras ainsi ployé sous le menton !

                ANTOINETTE.
Que dit-on de nouveau ?

                ADOLPHE.
                    L'amiral Codrington
Vient de battre les turcs à Navarin.

                ANTOINETTE.
                            Adolphe,
Qu'est-ce que c'est que ça, Navarin ?

                ADOLPHE.
                        C'est un golfe

ANTOINETTE.

En France ?

ADOLPHE.

Non, en Grèce.

ANTOINETTE.

Ah ! bien.

ADOLPHE.

Au fond, Pylos ;
Au premier plan, la baie avec quelques îlots,
Voilà Navarin. Or...

A part.

Quel regard, quelle taille !

Balbutiant.

Madame...

ANTOINETTE.

Nous parlions, je crois, de la bataille...

ADOLPHE.

De Codrington... Non pas ! Navarin !

A part.

Je suis fou.

Je patauge.

Haut.

On était dans les eaux de Corfou ;
On savait que les turcs, non sans quelque mystère,
Avaient quitté Cythère...

ANTOINETTE.

Ah ! qu'est-ce que Cythère ?

17.

ADOLPHE.

C'est une île. Cythère, autrement Cérigo.
On y peut cultiver le poivre et l'indigo.
Cette île sert aux turcs de poste et de caverne.
Sinan Cigale dit : Cythère est la lanterne
De l'Archipel...

ANTOINETTE, distraite.

Ainsi — l'amiral...

ADOLPHE.

Codrington.

ANTOINETTE.

Après ?

ADOLPHE.

Le vingt octobre, au point du jour, dit-on,
Les flottes ont quitté le mouillage de Zante.
La marine ottomane étant molle et pesante,
Le système des turcs était de refuser...

ANTOINETTE.

Un baiser ! je crois bien.

ADOLPHE.

Ce n'est pas un baiser,
C'est le combat.

ANTOINETTE.

C'est vrai. Vous disiez ? le système
Des turcs...

ADOLPHE.

Je ne sais plus où j'en étais...

LE DIABLE, dans le trou du souffleur.

Je t'aime !

ADOLPHE.

Je t'aime !

ANTOINETTE, à part.

Allons donc !

Haut.

Ciel ! monsieur, que faites-vous ?
Si vous ne lâchez pas sur-le-champ mes genoux, —
Ce que vous faites là, monsieur, n'est pas honnête, —
Je vais sonner, monsieur !

LE DIABLE, à part.

J'ai cassé la sonnette.

ADOLPHE.

Je t'aime !

ANTOINETTE.

Taisez-vous !

ADOLPHE.

Je meurs d'amour !

ANTOINETTE.

Tais-toi !

ADOLPHE.

Madame, ayez pitié ! J'ai le cœur plein d'effroi !
Laissez-vous adorer ainsi qu'une madone !

Si tu savais ! je sens ma tête en feu. Pardonne !
Oh ! laisse-moi mourir à tes pieds !

ANTOINETTE, à part.

Dans mes bras !

LE DIABLE.

J'ai cru que le crétin ne s'en tirerait pas.
Il ne savait d'abord pas un mot de son rôle.

On entend un bruit de baisers.

Reyant et riant.

Sans nous le monde est bête ; avec nous il est drôle.

II

Le premier chapitre.

Un bois.

ROSE.

Puisque votre regard m'apparaît dans l'aurore,

ALBERT.

Puisqu'en vos yeux je crois voir une étoile éclore,

ROSE.

Puisque je veux rester et fuir quand je vous vois,

ALBERT.

Puisqu'une lyre est moins douce que votre voix,

ROSE.

Puisqu'à vos pieds les cœurs font des battements d'ailes,

ALBERT.

Puisque vous êtes belle entre toutes les belles.

ROSE.

Puisque l'oiseau ne peut chanter sans vous nommer,

ALBERT.

Puisque je ne puis faire autrement que t'aimer,

ROSE.

Je dis que l'air est frais,

ALBERT.

                Je dis que l'onde est pure,

ROSE.

Je vois un grand sourire au fond de la nature,

ALBERT.

Je te prends et t'épouse,

ROSE.

                Et de toi je fais choix.

ALBERT.

Et je dis que je veux m'en aller dans les bois.

Moment de rêverie.

Viens.

ROSE.

    Est-ce pour jamais ?

ALBERT.

                Oui, donne ta main blanche.

Ils s'enfoncent dans la forêt.

ÉROS.

Cœur, aie un seul amour !

PAN.

Arbre, une seule branche?

C'est malaisé.

LE DIABLE, dans l'ombre.

Léandre aime à cette heure Héro.
Rose aime Albert. La suite au prochain numéro.

III

Sous les saules.

—

LUI.
Farouche !

ELLE.
Moqueur !

LUI.
Ta bouche !

ELLE.
Ton cœur !

IV

Cocarde et Louchon.

LOUCHON.

Paul est roux.

COCARDE.

Jean est laid.

LOUCHON.

Paul me bat.

COCARDE.

Jean me rosse.

LOUCHON.

Paul, s'il n'était bandit, serait bête féroce.

COCARDE.

Tout l'hiver Jean se grise.

LOUCHON.

Et Paul boit tout l'été.

COCARDE.
Jean a mis mes effets au mont-de-piété.

LOUCHON.
Lorsqu'il tonne et qu'il pleut chez moi, c'est Paul qui souffl

COCARDE.
Jean est un chenapan.

LOUCHON.
   Et Paul est un maroufle.

COCARDE.
Je le déclare ici, ce drôle est mon vainqueur.

LOUCHON.
J'aime cette canaille au fin fond de mon cœur.

V

Au Luxembourg.

Un banc. Deux astronomes.

PREMIER ASTRONOME.

L'équinoxe ravage affreusement nos côtes.

DEUXIÈME ASTRONOME.

Le vent est vicieux, il fait beaucoup de fautes !

Sur un autre banc, deux étudiants.

LE PREMIER ÉTUDIANT.

Que lis-tu? Cujas?

LE DEUXIÈME.

Non. Je lis Dante et Lucain.
Mon père est royaliste et moi républicain.

C'est sa faute. Il m'envoie à Paris. Je m'y forme.
J'y grandis. Je m'emplis de la lumière énorme,
Et j'étais paysan et je suis citoyen.

—

Sur un autre banc, deux prêtres.

L'ABBÉ CARON.

Fils, le but, c'est l'église, et Dieu c'est le moyen;
Cela n'empêche pas Dieu d'être Dieu; mais, prêtres,
Nous sommes serviteurs afin d'être les maîtres;
Le prêtre est roi, depuis Moïse et Salomon;
Ce qu'on nomme l'esprit humain, c'est le démon;
La raison est un mot que le dogme rature;
Et c'est pourquoi souvent, corrigeant la nature,
Ce que le ciel permet, le prêtre le défend;
Quand on entend parler le diable dans l'enfant,
Il faut sévir, il faut lui dire de se taire.

L'ABBÉ DE LAMENNAIS.

Et c'est ainsi qu'étant Porée, on fait Voltaire.

Sur un autre banc.

UN VIEILLARD.

Vous donnez une charte au peuple, qui se perd,
Pour qu'il soit sage. Eh bien, c'est terrible, il s'en sert.

UN AUTRE VIEILLARD.

Pour être libre.

Sous les arbres.

UNE JEUNE FILLE.

Non !

UN JEUNE HOMME.

     Que le sein soit de marbre,
C'est bien, mais pas le cœur.

LA JEUNE FILLE.

     Laissez-moi !

LE JEUNE HOMME.

       Sous un arbre
On s'embrasse.

LA JEUNE FILLE.

    Embrassez. — Mais pas comme cela.

LE JEUNE HOMME.

Si !

LA JEUNE FILLE.

Non !

—

Dans une allée.

UN ENFANT, à une boule qu'il fait rouler.

Je ne veux pas que vous alliez par là !

———

VI

Le Mendiant.

*Devant la vitre éclairée de la chambre où un jeune homme s'habille
pour le bal masqué.*

— Fort bien. Habillez-vous. Tiens, c'est le mardi gras !
Rions. Ne soyons point à la jeunesse ingrats.
Il faut se divertir et que le temps se passe.
Vous avez su tirer d'un vieil oncle rapace
Vingt écus ; vous allez les boire en une nuit.
Habillez-vous, jeune homme, à grands cris, à grand bruit.
Sonnez tous vos laquais et vos valets de chambre.
— Bourguignon, mon pourpoint ! Picard, ma boîte d'ambre !
Chaussez-moi ! rasez-moi ! peignez-moi ! — C'est cela.
Que vous êtes galant sous l'habit que voilà !
Cambrez la taille un peu. Mettez-vous une mouche,
Comme fait Jeanneton, sur le coin de la bouche.
Le flot de rubans. — Bien. — Et l'air impertinent.
Cela sied. — Le manteau, les gants. — Et maintenant
L'épée avec sa pomme à mettre des pistaches. —

Que de cœurs suspendus au croc de vos moustaches !
Que de femmes vont dire : Adorable seigneur !
Vous avez tout, jeunesse, et richesse, et bonheur ;
Tout est pour vous, bouquets fleuris, tendres trophées ;
C'est bien. On vous dirait habillé par les fées,
Et vous êtes toujours au bal un des premiers.
Riez ! — Un jour les ans viendront, lourds costumiers ;
Maladie et vieillesse, habilleuses sinistres,
Éteindront vos regards sous d'affreux cercles bistres,
Vous ôteront la grâce, et vous mettront, ô deuil !
Un dôme sur le dos, une loupe sur l'œil,
Une bouche sans dents qui dira : soyons sage !
Un gros nez, un gros ventre, et, sur ce frais visage,
Doux, superbe, adoré de toutes nos houris,
Un vieux masque obstrué d'un buisson de poils gris.
Alors, désespéré, tordant vos mains fiévreuses,
Fuyant les miroirs pleins de visions affreuses,
Aussi lugubre à voir que vous étiez charmant.
Sans pouvoir arracher votre déguisement,
Domino ridicule et chassé des quadrilles,
Voyant les beaux garçons sourire aux belles filles,
Vous irez, trouble-fête, errer au milieu d'eux ;
Jusqu'à ce que ce spectre, autre masque hideux,
Sans nez, sans yeux, montrant toutes ses dents sans rire,
Qui vient nous chercher tous et par le bras nous tire,
Vous jette un soir, d'un coup de sa fourche de fer,
Dans ce noir carnaval qu'on appelle l'enfer !

VII

Giboulées.

—

Elle, c'est le printemps ; pluie et soleil ; je l'aime,
Je m'y suis fait.

      Un jour, elle me dit :

                      — Quand même
On est tout seuls, les bois sont doux. Les belles eaux !
La campagne me plaît à cause des oiseaux.
Écoutons-les chanter.

          Moi, l'âme épanouie,
J'écoutais.

      — Les oiseaux, dit-elle, ça m'ennuie.
Jouons.

— Aux cartes?

— Non.

— A quoi?

— Je hais le jeu.
Causons. Le jaune est laid, je préfère le bleu.

— Je suis de ton avis.

— Toujours dans les extrêmes !
— Le bleu, dis-je, c'est beau.

— Pourquoi?

— D'abord tu l'aimes.
Ensuite, c'est le ciel.

— Mais le jaune, c'est l'or.
— Va pour le jaune.

— Il est de mon avis encor !
C'est assommant !

— Faisons la paix.

— Je te pardonne.

Un autre jour :

— Ami, viens, je me sens très bonne.
Le temps est beau, sortons à pied.

Comme j'offrais
Mon landau :

— Non, dit-elle, il faut, par ce vent frais,
Marcher, rôder, courir au bois à l'aventure —

On s'habille, on descend.

— Où donc est la voiture ?

— Mais tu voulais sortir à pied.

— A pied ? Jamais !
Marcher par ce vent froid ! fi donc !

— Je me soumets.
On attelle.

— Voici le landau.

— Pourquoi faire ?

— Mais pour sortir.

— Tords-moi le cou, je le préfère.
Ah çà ! tu veux sortir par cet horrible temps !

Un autre jour :

    — Nos cœurs, dit-elle, sont contents.
Ami, j'ignore tout, mais je suis ta servante.
Puisque je sais aimer, je suis assez savante.
Je t'adore. Mon dieu, c'est toi !

       Le lendemain,
Un grand soufflet sortit de sa petite main,
Et tomba sur ma joue.

     — Eh ! dis-je.

       — Bagatelle !
Viens m'embrasser. Comment me trouves-tu ? dit-elle.

— Charmante ! —

     Et c'est ainsi que je m'accoutumai
Aux inégalités d'humeur du mois de mai.

VIII

Insinuation.

ANDRÉ.

Je te jure un amour éternel.

LISE, souriant.

Calme-toi.
Parlons net. Et soyons fripons de bonne foi.

ANDRÉ.

Lise !

LISE, caressante.

Dispense-toi, cher amant, de poursuivre.
André, pour de l'or faux je donne du vrai cuivre ;
Des serments d'un menteur mon cœur est peu friand ;
Je suis franchement fourbe, et je paye en riant
Tes écoute-s'il-pleut d'un va-t'en-voir-s'ils-viennent.
Fous qui font des serments et niais qui les tiennent !
Tu me feras des traits et je te les rendrai.
André brûle pour Lise et Lise adore André,
Mais Lise berne André comme André trompe Lise.

Amour est notre autel, Caprice est notre église;
On se suit aujourd'hui pour se quitter demain ;
D'ailleurs, être autrement, c'est n'avoir rien d'humain ;
La passion finit par une pirouette ;
Homme veut dire vent et femme girouette.
Aimons-nous, puisque c'est la meilleure façon
D'unir ta perfidie avec ma trahison,
Mais ne nous gênons point et ne soyons pas dupes.
Pas de glu sur ta plume et de plomb à mes jupes.
André, soyons heureux. De plus, soyons joyeux.
Quel bête de bandeau l'Amour a sur les yeux !
Otons-le-lui, veux-tu ? Voyons clair dans nos âmes.
Il faut pour faire un feu toutes sortes de flammes,
Et pour faire un destin toutes sortes d'amours.
Les cœurs toujours constants sont aveugles et sourds.
L'œil qui n'a plus d'éclair, l'esprit qui n'a plus d'aile,
Meurt, et c'est être infirme enfin qu'être fidèle.
Gaîment on se retrouve après qu'on se perdit.
Hein ? soyons bonne femme et bon homme. Est-ce dit ?
La douce main d'amour n'est point une tenaille.
Aimons-nous. Trompons-nous.

ANDRÉ.

J'y consens.

LISE, furieuse.

Ah ! canaille !

XI

CHANSONS

—

I

Suzette et Suzon.
—

J'adore Suzette,
Mais j'aime Suzon ;
Suzette en toilette,
Suzon sans façon !
Ah ! Suzon, Suzette !
Suzette, Suzon !

Rimons pour Suzette,
Rimons pour Suzon ;

L'une est ma musette,
L'autre est ma chanson.
Ah ! Suzon, Suzette !
Suzette, Suzon !

La main de Suzette,
La jambe à Suzon,
Quelle main bien faite !
Quel petit chausson !
Ah ! Suzon, Suzette !
Suzette, Suzon !

Je rêve à Suzette,
J'embrasse Suzon ;
L'une est bien coquette,
L'autre est bon garçon.
Ah ! Suzon, Suzette !
Suzette, Suzon !

Tapis pour Suzette,
Jardin pour Suzon ;
Foin de la moquette,
Vive le gazon !
Ah ! Suzon, Suzette !
Suzette, Suzon !

Au bal va Suzette,
Au bois va Suzon ;

CHANSONS.

J'épie et je guette
L'ombre et le buisson.
Ah! Suzon, Suzette!
Suzette, Suzon!

Jaloux de Suzette!
Jaloux de Suzon!
La bergeronnette
Fait damner l'oison.
Ah! Suzon, Suzette!
Suzette, Suzon!

Si jamais Suzette
Rit comme Suzon,
Au diable je jette
Toute ma raison.
Ah! Suzon, Suzette!
Suzette, Suzon!

Si comme Suzette
Souriait Suzon,
Cette humble amourette
Serait mon poison.
Ah! Suzon, Suzette!
Suzette, Suzon!

S'il faut fuir Suzette
Ou quitter Suzon,

Et que je n'en mette
Qu'une en ma maison,
Ah! Suzon, Suzette!
Suzette, Suzon!

Je laisse Suzette,
Je garde Suzon;
L'une me rend bête,
L'autre me rend bon.
Ah! Suzon, Suzette!
Suzette, Suzon!

II

Rosemonde.

Il était une fois
Un jardin, et j'y vis madame Rosemonde ;
L'air était plein d'oiseaux les plus charmants du monde ;
    Quelle ombre dans les bois!

Il était une fois
Une source, et j'y vins boire avec Rosemonde ;
Des naïades passaient, et je voyais dans l'onde
    Des perles à leurs doigts.

Il était une fois
Un baiser, qu'en tremblant, je pris à Rosemonde.

— Tiens, regarde, ils sont deux, dit une nymphe blonde.
— Non, dit l'autre, ils sont trois.

Il était une fois
Une fleur, qui sortit du cœur de Rosemonde ;
C'est mon âme. Et je brûle, et dans la nuit profonde
J'entends chanter des voix.

III

L'oiseau.

L'oiseau passe
Dans l'espace
Où l'amour vient l'enflammer ;
Si les roses
Sont des choses
Faites exprès pour charmer,
Le ciel est fait pour aimer.

L'oiseau vole
Et console
Le désert et la maison,
Et les plaines
Et les chênes
Écoutent, quand sa chanson
Va de buisson en buisson.

Hymne et flamme,
Il est l'âme
Du bois, du pré, de l'étang,
Des charmilles,
Et des filles
Que dès l'aurore on entend
Ouvrir leur porte en chantant.

IV

Le toréador.

J'avais une bague, une bague d'or,
Et je l'ai perdue hier dans la ville ;
Je suis pandériste et toréador,
Guitare à Grenade, épée à Séville.

Mon anneau luit plus que l'astre vermeil ;
Le diable, caché dans l'œil de ma brune,
Pourrait seul produire un bijou pareil
S'il faisait un jour un trou dans la lune.

Si vous retrouvez l'anneau n'importe où,
Rapportez-le-moi. C'est Gil qu'on me nomme.

Certes, je vaux peu ; je ne suis qu'un sou,
Mais près d'un liard je suis gentilhomme.

Je n'ai que mon chant comme le moineau.
Rendez-moi ma bague, et que Dieu vous paie !
Vous connaissez Jeanne ? Eh bien, cet anneau,
C'est, avec son cœur, le seul or que j'aie.

V

En canot.

Les gueules de loup sont des bêtes,
Les gueules de loup sont des fleurs,
Et vivent les femmes bien faites,
La Seine et les grandes chaleurs !

Je m'amuse et je me promène.
Amis, ayons congé ! Versons
Le dimanche sur la semaine,
Et sur tous les jours des chansons.
Les bois sont pleins de pâquerettes.
De geais et de merles siffleurs. —
Les gueules de loup sont des bêtes,
Les gueules de loup sont des fleurs.

Vacances sans trêve! Est-il sage
De s'ennuyer six jours sur sept?
Victoire m'attend au passage
Avec une fleur au corset.
Donc, amis, Victoire et conquêtes!
Les hommes joyeux sont meilleurs. —
Les gueules de loup sont des bêtes,
Les gueules de loup sont des fleurs.

Le bon Dieu n'ôte pas leurs ailes
Aux papillons passé midi ;
Les roses sont tout aussi belles
Le mercredi que le jeudi,
Et les dimanches et les fêtes
N'ajoutent rien à leurs couleurs. —
Les gueules de loup sont des bêtes,
Les gueules de loup sont des fleurs.

O prêtre, en quelle erreur tu tombes!
Est-ce qu'on voit, à certains jours,
Cypris dételer ses colombes
Du char stupéfait des amours?
Les nids sont-ils dans leurs retraites
Moins tendres et moins querelleurs ? —
Les gueules de loup sont des bêtes,
Les gueules de loup sont des fleurs.

CHANSONS.

Papas et maris, vieux bonshommes,
Je ne m'occupe pas de vous ;
Donc ne venez pas où nous sommes
Troubler la fête des yeux doux.
Je ne veux savoir où vous êtes
Qu'afin de tâcher d'être ailleurs. —
Les gueules de loup sont des bêtes,
Les gueules de loup sont des fleurs.

Marche, il faut qu'on s'enrégimente
Dans le régiment de Vénus,
Et que chacun ait une amante,
Et je veux baiser les pieds nus.
Çà, mesdames, êtes-vous prêtes ?
Les amours sont les racoleurs. —
Les gueules de loup sont des bêtes,
Les gueules de loup sont des fleurs.

Marthe apparaît à sa lucarne.
Lise m'appelle et me répond.
Choisissez : la Seine ou la Marne ?
Asnière, ou Joinville-le-Pont ?
Partons, l'aurore est sur nos têtes,
Gais bateliers, gais bateleurs ! —
Les gueules de loup sont des bêtes,
Les gueules de loup sont des fleurs

Parfois, en rêve, je me sauve
Vers l'océan bouleversé,
Trop étroit pour ma chanson fauve
Chantant son refrain insensé !
Mais Lise, à travers les tempêtes,
Me fait des pieds de nez railleurs. —
Les gueules de loup sont des bêtes,
Les gueules de loup sont des fleurs.

Marthe et Lise, amis, sont gentilles.
Embrassons-les à tout moment.
Prendre un baiser aux belles filles,
C'est les traiter honnêtement.
Il sied d'être toujours honnêtes,
Donc il faut être un peu voleurs. —
Les gueules de loup sont des bêtes,
Les gueules de loup sont des fleurs.

VI

La chanson du spectre.

Qui donc êtes-vous, la belle?
Comment vous appelez-vous?
Une vierge était chez nous;
Ses yeux étaient ses bijoux.
Je suis la vierge, dit-elle.
Cueillez la branche de houx !

Vous êtes en blanc, la belle;
Comment vous appelez-vous?
En gardant les grands bœufs roux,
Claude lui fit les yeux doux.
Je suis la fille, dit-elle.
Cueillez la branche de houx.

Vous portez des fleurs, la belle ;
Comment vous appelez-vous ?
Les vents et les cœurs sont fous ;
Un baiser les fit époux.
Je suis l'amante, dit-elle.
Cueillez la branche de houx.

Vous avez pleuré, la belle ;
Comment vous appelez-vous ?
Elle eut un fils, prions tous,
Dieu le prit sur ses genoux.
Je suis la mère, dit-elle.
Cueillez la branche de houx.

Vous êtes pâle, la belle ;
Comment vous appelez-vous ?
Elle s'enfuit dans les trous,
Sinistre, avec les hiboux.
Je suis la folle, dit-elle.
Cueillez la branche de houx.

Vous avez bien froid, la belle ;
Comment vous appelez-vous ?
Les amours et les yeux doux
De nos cercueils sont les clous.
Je suis la morte, dit-elle.
Cueillez la branche de houx.

VII

Margot.

Je signais d'un grand paraphe
Un billet doux bien écrit ;
J'avais toute l'orthographe,
Margot avait tout l'esprit.

Sa bouche, où quelque ironie
Avait l'air de dire : osez,
Était la Californie
Des rires et des baisers.

Que je fusse un imbécile,
C'était probable ; et pourtant

La belle trouvait facile
De m'adorer en chantant

Jusqu'au jour où, pour la mode,
Changeant d'amours et de ton,
Margot trouverait commode
De devenir Margoton.

Nous étions quelques artistes,
Des poëtes, des savants,
Qui jetions nos songes tristes
Et nos jeunesses aux vents.

Nous étions les capitaines
De la fanfare et des chants,
Des parisiens d'Athènes,
Athéniens de Longchamps.

Moi, j'étais, parmi ces sages,
Le rêveur qui parle argot,
Met son cœur dans les nuages
Et son âme dans Margot.

Gais canotiers de Nanterre,
Nous voguions sur le flot pur ;
Margot lorgnait un notaire
Quand je contemplais l'azur.

Elle trouvait l'eau trop fraîche,
Et préférait l'Ambigu,
Et s'écriait : Quand je pêche,
C'est avec l'accent aigu.

Le sort déchira ses voiles ;
Elle s'enfuit, j'échappai ;
Je montai dans les étoiles
Et Margot dans un coupé.

VIII

La chanson de Maglia.

Rien n'est comme il devrait être.
Le maître
Plus que le valet
Est laid.

Je hais ton jargon, Zémire ;
J'admire,
Malgré son argot,
Margot.

Souvent d'une pauvre fille
Qui brille

Les pieds en sabots
　　Sont beaux.

Ici, la guerre âpre et noire ;
　　Bruit, gloire,
　Lauriers triomphaux,
　　Or faux.

Ici, la bête de somme
　　　C'est l'homme,
　Et, là, les héros
　　Zéros.

Ici, le nécessaire, aigre
　　　Et maigre ;
　Là, le superflu
　　Joufflu.

Dans l'église et la guinguette
　　　Qu'il guette,
　Le diable survient ;
　　Il tient

Par sa guimpe et son air prude
　　　Gertrude
　Et par son chignon
　　Ninon.

Le destin, ce dieu sans tête
  Et bête,
 A fait l'animal
  Fort mal.

Il fit d'une fange immonde
  Le monde
 Et d'un fiel amer
  La mer.

Tout se tient par une chaîne
  De haine;
 On voit dans les fleurs
  Des pleurs.

Tout ici-bas, homme, femme,
  Vie, âme,
 Est par Ananké
  Manqué.

Aussi, lorsque l'homme achève
  Son rêve,
 Quel triste avorton
  Voit-on !

Homme, mon frère, nous sommes
Deux hommes,
Et, pleins de venins,
Deux nains.

Ton désir secret concerte
Ma perte,
Et mon noir souhait
Te hait ;

Car ce globe où la mer tremble
Nous semble
Pour notre appétit
Petit.

Nous manquons, sur sa surface,
De place,
Pour notre néant
Géant.

IX

Le château de l'Arbrelles.

DANSE EN ROND

Va cueillir, villageoise,
La fraise et la framboise,
Dans les champs, aux beaux jours.
A huit milles d'Amboise,
A deux milles de Tours,
Le château de l'Arbrelles,
Roi de ces alentours,
Se dresse avec ses tours,
Ses tours et ses tourelles.
Va cueillir aux beaux jours
La fraise et la framboise.
A huit milles d'Amboise,

A deux milles de Tours,
C'est là que sont les tours,
Les tours et les tourelles
Du château de l'Arbrelles
Bien connu des vautours.

Cueillez, Jeanne et Thérèse,
La framboise et la fraise,
Rions, dansons, aimons,
Le ciel en est bien aise,
Moquons-nous des sermons.
Le château de l'Arbrelles,
Qu'en chantant nous nommons,
Dresse sur les vieux monts
Ses tours et ses tourelles.
Rions, dansons, aimons,
Cueillez, Jeanne et Thérèse,
La framboise et la fraise,
Moquons-nous des sermons.
Là-bas, sur les vieux monts
Se dressent les tourelles
Du château de l'Arbrelles
Bien connu des démons.

Cueillez, filles d'Amboise,
La fraise et la framboise.
Les démons, les vautours.
Ont changé de figure
Depuis les anciens jours.
Tours de sinistre augure,

L'herbe croît dans vos cours,
Croulez, vilaines tours !
Le ciel en est bien aise,
Aimons, les ans sont courts !
Cueillez, Jeanne et Thérèse,
La framboise et la fraise.
O belles, nos amours,
Pour piller vos atours,
Pour vous emplir de flammes,
Les démons sont nos âmes,
Nos cœurs sont les vautours.

X

Chanson de Gavroche.

Ran tan plan !
Tape, tambour, tape encore !
Pan pan pan !
Pif paf boum, ran plan tan plan !
Gai l'aurore !

On fait de la peine aux rois,
Viens à leur secours, bourgeois,
Avec ton enthousiasme,
Ton parapluie et ton asthme.

Tape encor, tape, tambour,
Gai le jour !

Faut-il des rois sur les têtes
Des peuples changés en bêtes ?
Tu dis oui, toi le canon ;
Moi le pavé, je dis non.

Tape, tambour, tape encore !
 Ran tan plan,
 Pan pan pan,
Pif paf boum, ran plan tan plan !
 Gai l'aurore !

Et toi, mon vieux chiffonnier,
Prends ton croc et ton panier,
Car il est temps que tu pinces
Tous les rois et tous les princes.

Tape encor, tape, tambour,
 Gai le jour !

Ce tas de trônes cahote,
Flanque-les tous dans ta hotte,
Depuis le roi Dagobert
Jusqu'à l'empereur Gobert.

CHANSONS.

Tape, tambour, tape encore !
    Ran tan plan,
    Pan pan pan,
Pif paf boum, ran plan tan plan !
    Gai l'aurore !

XI

Autre chanson de Gavroche.

Monsieur Prudhomme est un veau
Qui s'enrhume du cerveau
Au moindre vent frais qui souffle.
Prudhomme, c'est la pantoufle
Qu'un roi met sous ses talons
Pour marcher à reculons.

Je fais la chansonnette,
Faites le rigodon.
Ramponneau, Ramponnette, don !
Ramponneau, Ramponnette !

Ce Prudhomme est un grimaud
Qui prend sa pendule au mot
Chaque fois qu'elle retarde.
Il contresigne en bâtarde
Coups d'états, décrets, traités,
Et toutes les lâchetés.

  Je fais la chansonnette,
   Faites le rigodon.
Ramponneau, Ramponnette, don !
  Ramponneau, Ramponnette !

Il enseigne à ses marmots
Comment on rit de nos maux ;
Pour lui, le peuple et la France,
La liberté, l'espérance,
L'homme et Dieu, sont au-dessous
D'une pièce de cent sous.

  Je fais la chansonnette,
   Faites le rigodon.
Ramponneau, Ramponnette, don !
  Ramponneau, Ramponnette !

Le Prudhomme a des regrets ;
Il pleure sur le progrès,
Sur ses loyers qu'on effleure,
Sur les rois, fiacres à l'heure,

Sur sa caisse, et sur la fin
Du monde où l'on avait faim.

Je fais la chansonnette,
Faites le rigodon.
Ramponneau, Ramponnette, don!
Ramponneau, Ramponnette!

———

LA CORDE D'AIRAIN

... Et j'ajoute à ma lyre une corde d'airain.
Les Feuilles d'automne.

I

ÉCRIT

SUR UN EXEMPLAIRE DES *CHATIMENTS*

Le noir essaim des pâles euménides
  Met les effrois
Dans l'homme, et ne veut pas laisser les âmes vides
  Et les cœurs froids ;

Et ces femmes de l'ombre, éparses et volantes,
  Rôdent dans l'air
Furieuses, et font des colères trop lentes
  Jaillir l'éclair.

Allons ! réveille-toi ! ne vois-tu pas Tibère ?
  Viens ! fais un pas !

Est-ce que pour frapper la foudre délibère ?
            Ne vois-tu pas

Le mal partout, ici le crime et là le vice ;
            Judas rêvant ;
Ce roi, ce juge, l'un achetant la justice
            Que l'autre vend ?

Frappe ! — Ainsi vont grondant les gorgones sublimes ;
            Et leur vertu,
Sinistre, ouvre au songeur l'horizon des abîmes
            Et dit : Viens-tu ?

Et le poète suit ces filles formidables.
            — Monstres, j'accours !
C'est bien ! — Et sur le haut des monts inabordables,
            Dans les bois sourds,

Dans l'inclément désert, sur l'âpre mer sonore,
            La sombre nuit
Est contente ; et plus bas, dans les prés où l'aurore
            S'épanouit,

Dans l'azur, dans l'été, dans l'herbe et dans les mousses,
            Dans la chaleur,
Dans l'idylle, on entend toutes les choses douces
            Qui sont en fleur,

L'églantier, le rosier plein d'une âme invisible,
　　Le frais buisson,
Dire en voyant passer le poète terrible :
　　Il a raison.

Décembre 1854.

II

O sombre femme, un jour, n'ayant plus de royaume,
Spectre, tu paraîtras devant le grand fantôme ;
Et lui, l'être idéal, le seul être vivant,
Il te dira : — Qu'es-tu ?

      Tremblante, comme au vent
La branche morte, hélas, tu diras : — J'étais reine.

— Étais-tu femme ?

      — O Dieu, ma jeunesse sereine
Fut belle et douce aux bras d'un mari triomphant ;

J'eus la puissance avec le bonheur; tout enfant,
Je portais un grand sceptre antique et noir de rouille.

— Le sceptre importe peu. Que faisait ta quenouille
Pendant que tout un peuple à tes pieds se courbait?
Réponds. Qu'as-tu filé?

       — La corde du gibet.

24 novembre 1867.

Hier ont été pendus à Manchester les trois fenians Larkin, Allen et Gould.

III

A DES RÉGIMENTS DÉCOURAGÉS

O nos pauvres soldats, oui, vous avez fléchi.
Avant que ce Paris sacré soit affranchi,
Avant que notre France auguste soit sauvée,
Avant que l'aigle ait mis à l'abri sa couvée,
Vous avez dit : A bas la guerre, citoyens !
Et nous, qui, sous la bombe et sous les biscayens,
Luttons comme vous, prêts aux plus terribles tâches,
Indignés, nous avons crié : Taisez-vous, lâches !

Eh bien, nous eûmes tort, vous êtes des vaillants !

Hélas ! pour généraux avoir des chambellans,
Et pour chefs des valets et pour maîtres des cuistres,

C'est trop, et vous avez subi les jours sinistres ;
Au-devant de l'affront vous fûtes envoyés ;
Vous avez combattu pour être foudroyés ;
Vous vîtes comment croule une gloire détruite,
Et vous avez appris le chemin de la fuite,
O douleur ! vous les fils de ceux par qui tonna
Austerlitz, et par qui resplendit Iéna !

Ah ! sombres cœurs brisés et qu'emplit l'amertume,
Espérez, ô vaincus ! ce n'est pas la coutume
De la France d'avoir longtemps le front courbé.
Après Blenheim, après Rosbach, on est tombé ;
Mais on s'est relevé par Ulm et par Arcole.
Subissez le malheur comme on subit l'école ;
Couvez l'âpre courroux des cœurs humiliés.
Soit ! pour un instant, fils de France, vous pliez,
Hélas, et vous avez fait un pas en arrière ;
Mais vous n'en rentrerez que d'une âme plus fière
Dans notre antique gloire et dans nos vieux chemins.

Ils défaillaient aussi, les grands soldats romains,
Et, quand César passait, ces mécontents épiques
Lui demandaient la paix en abaissant les piques ;
Ce qui n'empêchait pas, pourtant nous l'oublions,
Ces hommes de se battre ainsi que des lions,
Et les peuples d'avoir pour ces légionnaires
Le culte épouvanté qu'on a pour les tonnerres.
Oui, parfois, quand l'élan romain s'interrompit,
Les barbares avaient un moment de répit ;
Et l'on riait de voir s'en retourner aux villes

Les vieux hastati las et blancs et les pupilles
Dont le visage à peine avait un blond duvet ;
Mais bientôt cette armée en qui Rome vivait
Rebouclait sa cuirasse, et rentrait en campagne,
Et partout, en Dacie, en Phrygie, en Espagne,
Les rois se remettaient à trembler, quand le vent
Leur apportait le bruit de sa marche en avant.

Paris, 8 janvier 1871.

IV

APRÈS SEDAN

C'est bien. Essuyez-vous.

                France, Prusse, lavez
Toi, ton opprobre ; toi, la gloire. Vous avez
Chacune une rougeur au front ; la honte épaisse
Sur toi, France ; et sur toi, la Prusse, ton espèce
De victoire. — César, quel pourboire veux-tu ?
— Cinq milliards. — C'est fait, empoche.

                        Honneur, vertu,
Pudeur, fraternité, probité, passez, ombres !

L'avenir curieux viendra voir ces décombres
Qu'on appelait jadis justice, droit, raison.

Comme la ronce croit! Comme la trahison,
La conquête, le vol, le meurtre et les rapines
Prospèrent vite, et sont fécondes en épines,
En nuit noire, en horreur, sur le temple abattu!
Comme un roi, d'or, de pourpre et de haine vêtu,
Ploie et courbe à son gré la race la plus fière,
Et comme il est facile aux empereurs de faire
D'un peuple leur esclave et d'un lion leur chien!
Soyez russe, borusse, anglais, autrichien;
Soyez le coq, soyez l'aigle, soyez le cygne,
Votre maître vous tient, et n'a qu'à faire un signe
Pour qu'il ne reste plus de vous, peuple détruit,
Que des oiseaux de proie et des oiseaux de nuit!
Vous étiez l'Allemagne et vous êtes la Prusse!
Hélas!

S'il existait, pour que j'y comparusse,
Un tribunal de rois, fier, auguste, hideux,
Présidé par ton spectre, ô noir Philippe deux,
Un sombre aréopage où siègerait Tibère,
Je dirais : Est-ce là que Satan délibère?
Et j'entrerais. Pourquoi? Pour leur dire ceci :

— Je ne suis qu'un passant, moi qui vous parle ici.
Mais regardez-moi bien, vous tous, césars de Rome,
Maîtres du monde, rois, papes; je suis un homme.
Ce que je veux, je viens vous le crier : Je veux
La paix — pour nous, pour vous, pour nos derniers neveux.
Je veux le vrai, le beau, la fraternité, l'âme
De Dieu même, l'amour, ce rayon, cette flamme

Formidable, éclairant le bien, brûlant le mal,
Éblouissant tout, l'homme ainsi que l'animal,
Versant la vérité, la douceur, la clémence,
Et visible au plus haut des cieux dans l'ombre immense.
Je veux rouvrir l'éden à tous les grands souhaits;
Je veux la vérité, la justice, et je hais
Les fourbes, les tyrans, les traîtres, les transfuges;
Et c'est moi l'accusé, puisque c'est vous les juges.

V

DESTRUCTION DE LA COLONNE

— MAI 1871 —

*

Quand la géante fut tombée, on approcha.

Si quelque bey d'Égypte, un khédive, un pacha,
Renversait le pilastre impur de Cléopâtre,
Bon à faire un peu d'ombre à midi pour le pâtre,
On dirait : barbarie! et l'on aurait raison.
Or ce trophée était sublime à l'horizon;
Il avait l'air d'un phare éclairant une rive;
Les villes du prodige et du rêve, Ninive,
Memphis que fit Menès, Sarde où régna Cyrus,
Sarepta qu'emplissaient tant d'hommes disparus,

Jéricho, Palenquè, Sofala, Babylone,
N'avaient rien de plus beau que cette âpre colonne ;
Ce cippe triomphal qu'un siècle respecta,
Effaçait l'obélisque entier d'Eléphanta,
La borne de Byzance au fond de l'hippodrome,
Et le pilier de Thèbe et le pilier de Rome.

Cette colonne était toute pleine de voix,
Étant forgée avec des canons pris aux rois ;
On entendait le peuple en ce bronze bruire ;
Et nous n'avions pas, nous, le droit de la détruire,
Car nos pères l'avaient construite pour nos fils.
Elle représentait, bravant tous les défis,
La révolution de l'Europe, ébauchée
Par leur vertigineuse et vaste chevauchée,
Et l'esprit de Fleurus planant sur Austerlitz,
Et nos drapeaux ayant des rayons dans leurs plis.
En voyant sur la place auguste la spirale
De toute cette gloire énorme et sidérale,
Et ce noir tourbillon de fantômes, tordu,
Fixe et pétrifié sous le vent éperdu,
On songeait. Il semblait que la haute fumée
Sortie en tournoyant de cette fière armée
N'avait pas, sous le ciel orageux et serein,
Voulu se dissiper et s'était faite airain.

*

Semblable au moissonneur foulant des gerbes mûres,
Cette colonne avait pour socle un tas d'armures.
Elle offensait les rois et non les nations.
Afin qu'on pût juger les pas que nous faisions,
Elle fixait le point d'où nos pères partirent ;
Elle indiquait le lieu d'où les flots se retirent
Et rattachait aux jours nouveaux les jours anciens;
Après les grands soldats, place aux grands citoyens !
Elle était, dans Paris que le soleil inonde,
Comme un stèle au milieu de ce cadran du monde,
Et son ombre y marquait les heures du progrès.

Les rois n'osaient venir la regarder de près.

Hier elle tomba, la grande solitaire.
On a pu mesurer, quand on l'a vue à terre,
Tout ce qu'on peut ôter d'orgueil en un instant
Au siècle le plus sombre et le plus éclatant.

*

Ceux qui sur ce débris collèrent leur oreille
Entendirent dans l'ombre une rumeur pareille
A l'océan qui parle et se plaint sous les cieux.

Voici ce que disait ce bruit mystérieux :

— Vous vous êtes trompés comme se trompait Rome.
Ce que vous avez pris pour la gloire d'un homme,
C'est la gloire d'un peuple, et c'est la vôtre, hélas
Peuple, quels sont mes torts? les trônes en éclats,
L'Europe labourée en tous sens par la France,
La bataille achevée en vaste délivrance,
Le moyen âge mort, les préjugés proscrits.
Que me reprochez-vous ? le sang, les pleurs, les cris,
Les deuils, et les trop grands coups d'aile des victoires,
D'être une cime où luit l'éclair dans les nuits noires,
De vivre, et d'attester que vos pères ont mis
Leur âme dans l'airain des canons ennemis ?
Mon crime, c'est la lutte altière des épées,
Le choc des escadrons, les cuirasses frappées,

Les échelles au mur, les clairons, les assauts.
Les lions sont haïs par tous les lionceaux ;
Votre enfance n'a pu supporter ma vieillesse ;
Soit. Je pars avec Ulm et Wagram. Je vous laisse
Avec Sedan. Adieu, je gêne. Je m'en vais.
J'aime encor mieux ma guerre, hélas, que votre paix.

VI

L'ORGIE DES MEURTRES

Ah çà, je mets les points sur les i ; soit, j'admets
La guerre, à la rigueur; l'assassinat, jamais.
Avouez qu'il serait étrange que j'aimasse
La tuerie en détail, moi qui l'exècre en masse,
Ou que, la réprouvant en détail, j'eusse un goût
Pour le sang, quand ses flots font déborder l'égout.

Oui, les cadavres sont voilés par les décombres ;
Mais l'histoire plus tard saura des choses sombres.
Tu veux en vain couvrir, tablier du boucher,
La Saint-Barthélemy malaisée à cacher ;

Les éponges des gens agenouillés sont vaines
Pour laver le ravin sinistre des Cévennes,
Et toujours il en suinte un long ruisseau de sang.

L'assassinat a beau prendre un air innocent,
Prouver ce qui n'est pas, nier ce qu'on démontre,
Expliquer ses raisons, dire son pour et contre :
Que, si l'on ne mettait personne hors la loi,
Veuillot serait sans tâche et Carrier sans emploi
(*Tâche*, n'oubliez pas cet accent circonflexe,
Imprimeurs); qu'on ne peut tenir compte du sexe,
De l'âge, et cætera, car on est fort pressé,
Et la chaux vive est là qui bout dans le fossé ;
Que c'est une besogne après tout peu commode ;
Qu'il faut se défier du pathos à la mode ;
Qu'on voudrait vous y voir, messieurs les mécontents ;
Que désormais voilà de l'ordre pour longtemps ;
Qu'il faut tout extirper pour que rien ne menace ;
Le meurtre a beau jurer ses grands dieux, saint Ignace,
Fouquier-Tinville, Hébert, de Maistre, Jacques deux,
C'est en vain qu'il ébauche un sourire hideux,
Il est le crime, issu du peuple ou de la bible,
Et, même pour le bon motif, il est horrible ;
Qu'il se nomme Albe, Omar, Cromwell, Bellart, Marat,
Il est toujours stupide et toujours scélérat ;
Quel que soit le parti qui dans l'horreur se vautre,
Malheur au meurtre, autant d'un côté que de l'autre !
Je trouve Atrée affreux, même tuant Caïn.
Qui que tu sois qui fus bourreau, cache ta main,
Sache que tu ne peux à ceci te soustraire
Qu'un crime n'est jamais commis que sur un frère,

Et que toute victime est sœur du meurtrier.
On distingue entre erreur et forfait, mais trier
Parmi les massacreurs, voir la neige ou le sable
Teints de sang et plaider pour le tigre excusable,
Jamais ! nous n'aurons point pour le meurtre hébété
Ce pardon qui ressemble à la complicité.

Ah ! que de Niobés, d'Hécubes et d'Électres !
Hélas ! j'entends parler à voix basse les spectres ;
Et jusqu'à mon oreille un sourd chuchotement
Des morts, à travers l'ombre, arrive vaguement.
Moi qui ne suis qu'un homme ayant pour loi de plaindre,
De lutter, de ne rien tuer, de ne rien craindre,
Qui vainqueur m'agenouille et vaincu suis debout,
Ma résolution est d'aller jusqu'au bout,
Je sens en moi la force énorme, l'innocence.

N'avoir pour aucun crime aucune complaisance,
C'est ma loi ! Je dis donc à tous la vérité,
A toi Rigault, à toi Galifet ! Probité,
Sincérité, devoir, c'est là toute mon âme.
Les tueurs rouges ont au front le signe infâme,
Mais je hais, comme étant aux rouges ressemblants,
Les fratricides noirs et les assassins blancs.
Je suis le balayeur impartial qui passe
Et jette aux quatre vents farouches de l'espace
Tout ce qui souille l'homme ou le peuple ou la loi,
L'assassin de Duval, l'assassin de Darboy,
L'erreur, point d'appui sombre où le crime s'attache,
Haynau, Cissey, Jourdan-coupe-tête et sa hache,

Le prêtre et son missel, le reître et son cimier !
Quelque tas monstrueux que fasse le fumier,
Ne vous figurez pas, messieurs, que je recule;
Je rencontre Augias et j'ai l'humeur d'Hercule.

VII

VICTOIRE DE L'ORDRE

Oui, l'on a sauvé l'ordre et l'état, et je crois
Que c'est pour la cinquième ou la sixième fois ;
Le steamer pourvoyeur du bagne est dans nos havres ;
On a pendant huit jours enjambé des cadavres,
Des fosses, des mourants ; on s'est habitué ;
On a très vite fait justice ; on a tué
Hommes, femmes, enfants, tout un peu pêle-mêle.

Maintenant sont forçats, mangeant à la gamelle
Et vêtus des habits de la chiourme, plusieurs
Qui de la tyrannie étaient les fossoyeurs

Et dont nous avions vu, du Volga jusqu'à l'Èbre
Et du Tage au Niémen, voler le nom célèbre.
Victoire ! on n'a point fait les choses à demi.
Pour sauver la patrie et devant l'ennemi,
Paris avait cinq mois eu la rumeur immense
Des forêts que le vent semble mettre en démence ;
Il ressemblait au sombre ouragan libyen ;
Il a fallu le faire un peu taire ; c'est bien.
Nous voilà soulagés ; car c'est une souffrance
Qu'une ville acharnée à délivrer la France !
L'Allemagne nous dit à demi-voix : Merci !
Les cafés sont rouverts, les églises aussi ;
La paix sanglante sort de la guerre civile ;
Nous avons de plus l'ordre et de moins cette ville.
Des gens auraient aimé peut-être moins de morts ;
Mais qu'un cheval ait trop d'écume sur le mors
Quand il a bien couru, n'est-ce pas ordinaire ?
La bombe n'y voit pas plus clair que le tonnerre ;
Les faux coups sont permis en de si durs combats
Au Jupiter d'en haut comme aux Jupins d'en bas.
Bref, nous sommes sauvés. De tous les cœurs s'élance
Ce cri d'enthousiasme et de bonheur : Silence !
Que personne ne pense et qu'on ne parle plus !

Il est temps que la mer montante ait son reflux,
Et que l'utile vent du tombeau décourage
Toutes ces libertés qui font un bruit d'orage.
Ce siècle a trop d'éclairs, de foudre et de rayons ;
Il est bon, et c'est là ce qu'enfin nous voyons,
Qu'un poing sauveur, sorti des ténèbres, l'étreigne ;
La société veut, la religion règne ;

C'est dans le droit divin, c'est dans le syllabus
Qu'est le salut, le peuple étant presque un abus.
De là ce grand succès : l'ombre dans la fournaise ;
Quatrevingt-neuf puni de son quatrevingt-treize !

VIII

A UN ROI DE TROISIÈME ORDRE

Roi, tu m'as expulsé, me dit-on. Peu m'importe.
De plus, un acarus, dans un journal cloporte,
M'outrage de ta part et de la part du ciel ;
Affront royal qui bave en style officiel.
Je ne te réponds pas. J'ai cette impolitesse.
Vois-tu, roi, ce n'est pas grand'chose qu'une altesse.
Ton journaliste et toi, je vous ignore, étant
Fort occupé des fleurs que Dieu dans cet instant
Nous prodigue, et voulant fêter le mois des roses.
D'ailleurs, je ne crois pas que les grands sphinx moroses,
Ni que le sombre écueil hanté par l'alcyon,
Fassent dans l'infini beaucoup d'attention

Les uns au grain de sable et l'autre au jet d'écume.
Qu'un courtisan insulte et qu'un lampion fume,
C'est tout simple; un rêveur n'en est point irrité.
C'est pourquoi je suis calme envers ta majesté.
Tu peux tranquillement décorer ton bourgmestre.
Par la grâce du Dieu que protège de Maistre,
Tu règnes et ton scribe écrit. Vivez en paix.

J'erre, fauve chasseur, dans les halliers épais;
J'écoute l'aboiement d'une meute idéale;
Je tiens à la grandeur de la bête royale,
Et j'aime à rencontrer de fiers êtres méchants
Afin de rassurer le monde avec mes chants;
Je ne suis pas fâché quand des lions m'attaquent;
Des monstres, légions rugissantes, me traquent,
C'est bien, je les attends, songeant sous des cyprès.
Je leur montre les dents quand ils viennent trop près;
J'en fais, quand il le faut, un exemple efficace
Et l'on peut voir dans l'ombre à mes pieds la carcasse
De l'un d'eux qui, je crois, était un empereur.
Mais j'ai fort peu le temps de me mettre en fureur
Et j'aime mieux rester tranquille.

                              Je médite
Sur la terre, bénie au fond des cieux, maudite
Au fond des temples noirs par le fakir sanglant;
J'aime dans l'œuf l'oiseau, le chêne dans le gland,
Dans l'enfant l'avenir, et, sitôt que l'aurore
Commence à nous verser du jour, je dis: Encore!
Et je demande au ciel pour nous, humanité,
Un élargissement immense de clarté.

Les injures qu'on peut me faire sont couvertes
Par l'azur, par le doux frisson des branches vertes,
Par le divin babil des nids mélodieux.
Cette nature a tant d'oreilles et tant d'yeux,
Elle regarde avec tant de majesté l'homme,
Elle est si bien prodigue et si bien économe
De sa force que tout reçoit, que rien ne perd,
Elle mêle un tel verbe à son puissant concert,
Que je sens le besoin d'être un songeur utile ;
Dieu surveille le vent, je surveille mon style,
Car l'orage et le vers seraient de vils moqueurs
Si l'un troublait les flots, si l'autre ouvrait les cœurs
Sans règle, et s'ils n'avaient pour but dans l'ombre infâme
L'un d'assainir la mer, l'autre d'agrandir l'âme.

L'ombre, c'est l'ennemi ; je la combats ; je veux
Aux énigmes du sort arracher des aveux,
Leur ôter notre cœur qu'elles ont dans leur serre,
Dissiper l'ignorance, abolir la misère ;
Je suis l'esprit sévère, inquiet, froid, hautain,
Et le contradicteur de l'énorme destin ;
Je marche sous l'horreur des branchages superbes,
Dans les profondes fleurs et dans les hautes herbes,
Ignorant les pays interdits à mes pas,
Insulté de si loin que je ne le sais pas ;
J'aime tous les soleils et toutes les patries ;
Je suis le combattant des grandes rêveries,
Le songe est mon ami, l'utopie est ma sœur ;
Je n'ai de haine en moi qu'à force de douceur ;
J'écoute, comme un bruit de vagues débordées,
Le murmure confus des futures idées,

Et je prépare un lit à ce torrent qui vient ;
Je sais que Dieu promet et que l'avenir tient ;
Et j'apprête au progrès sa route dans l'espace ;
Je défends les berceaux et les tombeaux ; je passe,
Ayant le vrai, le bien, le beau, pour appétits,
Inattentif aux rois quand ils sont trop petits.

IX

ALSACE ET LORRAINE

O le rêve insensé que font ces misérables !
De qui parlez-vous là ? Des rois. — Jours exécrables !
Jours que de noirs essaims d'euménides suivront !
Terre et cieux ! que mon nom, synonyme d'affront,
Soit maudit, que ma main se sèche et se flétrisse
Si jamais se taisait ma voix accusatrice !
Temps hideux ! voilà donc comment ces meurtriers,
Éclaboussés de sang du casque aux étriers,
Ivres d'orgueil, de bruit, de clairons, de bannières,
Traitent les nations, leurs pâles prisonnières !
César brille, une flamme affreuse l'empourprant.
On coupe par morceaux les peuples. On en prend

Ce qu'on veut, ce qui plaît, le bras, le cœur, la tête.
On est un tas d'oiseaux de proie et de tempête
Se ruant sur l'auguste et sombre genre humain.
On est les chefs de l'ombre et l'on a dans la main
Les rênes des chevaux du sépulcre, on excite
De la voix tous les chiens monstrueux du Cocyte,
Grant, Bismarck et Gladstone et Bancroft l'aboyeur ;
Cette prostituée inepte, la frayeur,
Mère des lâchetés, vous aide, épouvantée ;
Et pour tuer Paris, ô tentative athée !
Comme jadis Xerxès contre Léonidas,
On pousse la marée horrible des soldats,
On gonfle le flot noir des légions sinistres ;
On est les dieux ayant les démons pour ministres ;
Et quand on a commis tous ces crimes, on va
Remercier ce spectre idiot, Jéhovah !
Puis on chante et l'on rit, sans voir que cette fête
Où manque le vrai Dieu, déplaît au vrai prophète,
Et que le justicier, Juvénal, d'Aubigné,
Tacite, est là qui rêve et regarde indigné.
On enterre l'argent pillé, les deux provinces,
Les morts ; on a la joie effroyable des princes ;
On se visite, on s'offre un régiment ; on est
Plus souriant que n'est épineux le genêt ;
On traîne aux bals charmants ses royales paresses,
Et l'on se fait de tigre à tigre des caresses.
Quant au sang, laissez-le couler, c'est un torrent.
Et cependant, on a des sophistes, dorant
Ces gloires, ces traités haineux, cette infamie.
Une belle captive est une belle amie,
Pourvu qu'elle comprenne et se calme ; fermons
L'antre des vents soufflant sur les mers et les monts ;

Que du drame sanglant sorte l'idylle agreste ;
Paix ! quand on a tout pris, on peut laisser le reste.
Bonheur ! concorde ! Plus de courroux ! Plus d'effroi !
Et l'on dit à la France : Allons, apaise-toi,
C'est fini, France. — Eh quoi, de ma mémoire amère,
J'effacerais Strasbourg et Metz ! dit cette mère ;
Ah ! j'oublierais plutôt mes deux seins arrachés !

Non, nous n'oublierons pas ! Hors ce que vous cherchez,
Le butin, puis la paix dans la forêt déserte,
Ce que vous attendez, vous ne l'aurez pas, certe ;
Mais ce que vous aurez, vous ne l'attendez pas :
C'est le gouffre. Avancez dans l'ombre pas à pas,
Allez, marchez. Toujours derrière la victoire
L'avenir, livre obscur, réserve pour l'histoire
Un feuillet, noir ou blanc, qu'on nomme le revers.
Les naufrages profonds devant vous sont ouverts,
Allez, hommes de nuit. Ah ! vous êtes superbes,
Vous régnez ; ô faucheurs, vous pliez sous vos gerbes
De cadavres, de fleurs, de cyprès, de lauriers,
Conquérants dont seraient jaloux les usuriers !
Mais vous comptez en vain, voleurs de ma Lorraine,
Sur mon peu de mémoire et sur mon peu de haine.
Je suis un, je suis tous, et ce que je vous dis
Tous les cœurs furieux vous le disent, bandits !
Non, nous n'oublierons pas ! Lorraine, Alsace, ô villes,
O chers français, pays sacrés, soyez tranquilles,
Nous ne tarderons point. Le glaive est prêt déjà

Que Judith pâle au flanc d'Holopherne plongea.
Éternel souvenir! Guerre! guerre! revanche!

Ah! ton peuple vivra, mais ton empire penche,
Allemagne. O révolte au fond du tombeau sourd!
O tocsin formidable au clocher de Strasbourg!
Ossements remués! dressement de fantômes!
Czars, princes, empereurs, maîtres du monde, atomes,
Comme ces grands néants s'envolent dans la nuit!
Comme l'éternité des rois s'évanouit!
Des hommes jeunes, vieux, hurlant, des paysannes,
Des paysans, ayant des faulx pour pertuisanes,
Ah! le jour de la lutte, il en viendra plus d'un!
Metz imitera Lille, et Strasbourg Châteaudun;
Vos canons contre vous retourneront leurs gueules,
Les pierres se mettront en marche toutes seules
Et feront des remparts contre vous, et les tours
Vous chasseront, hiboux, milans, corbeaux, vautours!
On verra fourmiller le gouffre des épées;
Alors revivra, fière, au vent des épopées,
La Révolution debout, le sabre au poing;
Et, pâles, vous de qui l'avenir ne veut point,
Vous verrez reparaître, ô rois, cette gorgone
A travers le branchage effrayant de l'Argonne!
La France embrassera l'Alsace, embrassera
La Lorraine, ô triomphe! et l'Europe sera;
Et les vengeurs, avec des chants et des huées,
Plus abondants que l'ombre au puits noir des nuées,

Plus pressés que l'averse en un ciel pluvieux,
Viendront, et je verrai cela, moi qui suis vieux !

*

Vous riez. N'est-ce pas que l'heure est mal choisie,
Rois, pour tant d'espérance et tant de frénésie
Quand on vide nos sacs d'écus, quand nous avons
Le même sort qu'ont eu jadis les esclavons,
Quand tout notre sang fuit par notre veine ouverte,
Quand vos fusils joyeux ont tous leur branche verte,
Quand tout est gloire, orgueil, force ! — Eh bien, vous verrez !
Soit ; les songes ne sont pas encor dédorés ;
Mais, princes, cette chose étrange, la justice,
Existe ; et, quel que soit le palais qu'on bâtisse,
Fût-il de marbre, il est d'argile, et son ciment
Périra, s'il n'a pas le droit pour fondement ;
Son mur est vain s'il n'est gardé que par le nombre,
Et sa porte de bronze est faite avec de l'ombre.
Vos peuples sont déjà repentants de vous voir
Tant d'ivresse, un tel sceptre aux mains, tant de pouvoir ;
Ils vous ont couronnés, ne sachant pas qu'un Louvre
Abrite la rapine et le vol, dès qu'on l'ouvre ;
Ils frémissent de voir que vous avez tout pris.
C'est de leur flanc que l'arbre immense du mépris
Sortira comme un chêne horrible sort de terre.

Vous croyez, tout-puissants stupides, qu'on fait taire
L'éternelle clameur des hommes opprimés !
Vous pesez sur les gonds de la nuit, vous fermez
La porte par où doit venir la grande aurore !
Vous tentez d'étouffer l'aube auguste et sonore !
Ah ! vous vous attaquez au sinistre avenir ?
Il vient ressusciter, sauver, aimer, punir !
Tremblez ! vous violez la rive inabordable.
Savez-vous les secrets de la nuit formidable ?
C'est nous que le matin mystérieux connaît.
Ce qui germe, ce qui s'avance, ce qui naît,
Ce qui pense, est à nous. Donc tremblez, ô despotes.
Tout ce que tu fais, Krupp, tout ce que tu tripotes,
Bismarck, tous les fourneaux, flamboyants entonnoirs,
Où l'âpre forge souffle avec ses poumons noirs,
Fabriquant des canons, des mortiers, des bombardes,
Tout ce qu'un faux triomphe inspire à de faux bardes,
Rois, je vous le redis, ce décor d'opéra
Pâlira, passera, fuira, s'écroulera !

Oui, nous sommes tombés et vaincus, et le Xanthe
Frémissant ne vit pas Ilion plus gisante ;
Oui, nous sommes à terre, à bas, brisés, battus ;
Oui, mais quatrevingt-douze et ses sombres vertus
Croissent dans nos enfants, et notre ciel se dore
De ce vieil astre, éclos dans cette jeune aurore ;

Leurs fraîches voix sont là chantant les grands défis ;
Nous voyons nos aïeux renaître dans nos fils.
Oui, vous l'emportez ; mais nul ne trompe et n'évite
L'œil invisible ; et, bien qu'un larron marche vite,
Le châtiment boiteux le suit et le rejoint ;
Mais mon pays n'est pas assez mort pour ne point
Entendre votre éclat de rire dans sa tombe,
Et cela le réveille, ô France, ô ma colombe,
O ma douce patrie, ô grand aigle effrayant.
Oui, vous croyez que tout finit en balayant,
Et que, lorsqu'on a mis dans un coin les décombres,
On peut sur les tombeaux laisser rôder les ombres.
Eh bien, non. Car une ombre est une âme. Oui, tyrans,
Nous sommes accablés, dépouillés, expirants,
Nous n'avons plus d'amis, plus d'argent, plus d'armée,
Plus de frontières ; mais nous avons la fumée
De nos hameaux brûlés qui vous dénonce tous,
Et qui noircit le ciel contre vous, et pour nous !
Mais l'étoile survit quand le navire sombre ;
Mais, quand l'assassiné saigne dans le bois sombre,
Une blême lueur sort du cadavre nu ;
Mais le destin pensif s'est toujours souvenu
De la nécessité de punir les coupables ;
Mais l'invincible essaim des forces impalpables
Qu'on nomme vérité, devoir, progrès, raison,
Vient vers nous et remplit de rumeur l'horizon ;
Mais nous sommes aidés par toute l'âme humaine ;
Mais le monde a besoin d'un flambeau qui le mène,
Et vous vous appelez Ténèbres ; mais le jour,
Le saint travail, la paix, la liberté, l'amour,
Tout cela conduit l'homme et tient dans le mot France !
Oui, nous sommes le deuil, la chute, la souffrance,

Nul peuple de si bas encor n'est revenu ;
Mais nous avons pour nous ce quelqu'un d'inconnu
Dont on voit par moments passer l'ombre sublime
Par-dessus la muraille énorme de l'abîme !

9 novembre 1872. H. H.

X

LA LIBÉRATION DU TERRITOIRE

— 1873 —

*

Je ne me trouve pas délivré. Non, j'ai beau
Me dresser, je me heurte au plafond du tombeau,
J'étouffe, j'ai sur moi l'énormité terrible.
Si quelque soupirail blanchit la nuit visible,
J'aperçois là-bas Metz, là-bas Strasbourg, là-bas
Notre honneur, et l'approche obscure des combats,
Et les beaux enfants blonds, bercés dans les chimères,
Souriants, et je songe à vous, ô pauvres mères.
Je consens, si l'on veut, à regarder ; je vois
Ceux-ci rire, ceux-là chanter à pleine voix
La moisson d'or, l'été, les fleurs, et la patrie
Sinistre, une bataille étant sa rêverie.

Avant peu l'Archer noir embouchera le cor.
Je calcule combien il faut de temps encor ;
Je pense à la mêlée affreuse des épées.
Quand des frontières sont par la force usurpées,
Quand un peuple gisant se voit le flanc ouvert,
Avril peut rayonner, le bois peut être vert,
L'arbre peut être plein de nids et de bruits d'ailes ;
Mais les tas de boulets, noirs dans les citadelles,
Ont l'air de faire un songe et de frémir parfois,
Mais les canons muets écoutent une voix
Leur parler bas dans l'ombre, et l'avenir tragique
Souffle à tout cet airain farouche sa logique.

Quoi ! vous n'entendez pas, tandis que vous chantez,
Mes frères, le sanglot profond des deux cités !
Quoi ! vous ne voyez pas, foule aisément sereine,
L'Alsace en frissonnant regarder la Lorraine !
— O sœur, on nous oublie ! on est content sans nous ! —
Non ! nous n'oublions pas ! nous sommes à genoux
Devant votre supplice, ô villes ! Quoi ! nous croire
Affranchis, lorsqu'on met au bagne notre gloire,
Quand on coupe à la France un pan de son manteau,
Quand l'Alsace au carcan, la Lorraine au poteau,
Pleurent, tordent leurs bras sacrés, et nous appellent,
Quand nos frais écoliers, ivres de rage, épèlent
Quatrevingt-douze, afin d'apprendre quel éclair
Jaillit du cœur de Hoche et du front de Kléber,
Et de quelle façon, dans ce siècle où nous sommes,
On fait la guerre aux rois d'où sort la paix des hommes !
Non, remparts, non, clochers superbes, non jamais
Je n'oublierai Strasbourg et je n'oublierai Metz.

L'horrible aigle des nuits nous étreint dans ses serres,
Villes! nous ne pouvons, nous français, nous vos frères,
Nous qui vivons par vous, nous par qui vous vivrez,
Être que par Strasbourg et par Metz délivrés !
Toute autre délivrance est un leurre; et la honte,
Tache qui croît sans cesse, ombre qui toujours monte,
Reste au front rougissant de notre histoire en deuil,
Peuple, et nous avons tous un pied dans le cercueil,
Et pas une cité n'est entière, et j'estime
Que Verdun est aux fers, que Belfort est victime,
Et que Paris se traîne, humble, amoindri, plaintif,
Tant que Strasbourg est pris et que Metz est captif.
Rien ne nous fait le cœur plus rude et plus sauvage
Que de voir cette voûte infâme, l'esclavage,
S'étendre et remplacer au-dessus de nos yeux
Le soleil, les oiseaux chantants, les vastes cieux !
Non, je ne suis pas libre. O tremblement de terre!
J'entrevois sur ma tête un nuage, un cratère,
Et l'âpre éruption des peuples, fleuve ardent ;
Je râle sous le poids de l'avenir grondant,
J'écoute bouillonner la lave sous-marine,
Et je me sens toujours l'Etna sur la poitrine!

Et puisque vous voulez que je vous dise tout,
Je dis qu'on n'est point grand tant qu'on n'est pas debout,
Et qu'on n'est pas debout tant qu'on traîne une chaîne;
J'envie aux vieux romains leurs couronnes de chêne;
Je veux qu'on soit modeste et hautain; quant à moi,
Je déclare qu'après tant d'opprobre et d'effroi,
Lorsqu'à peine nos murs chancelants se soutiennent,
Sans me préoccuper si des rois vont et viennent,
S'ils arrivent du Caire ou bien de Téhéran,
Si l'un est un bourreau, si l'autre est un tyran,
Si ces curieux sont des monstres, s'ils demeurent
Dans une ombre hideuse où des nations meurent,
Si c'est au diable ou bien à Dieu qu'ils sont dévots,
S'ils ont des diamants aux crins de leurs chevaux,
Je dis que, les laissant se corrompre ou s'instruire,
Tant que je ne pourrais faire au soleil reluire
Que des guidons qu'agite un lugubre frisson
Et des clairons sortis à peine de prison,
Tant que je n'aurais pas, rugissant de colère,
Lavé dans un immense Austerlitz populaire
Sedan, Forbach, nos deuils, nos drapeaux frémissants,
Je ne montrerais point notre armée aux passants!

O peuple, toi qui fus si beau, toi qui, naguère,
Ouvrais si largement tes ailes dans la guerre,
Toi de qui l'envergure effrayante couvrit
Berlin, Rome, Memphis, Vienne, Moscou, Madrid,
Toi qui soufflas le vent des tempêtes sur l'onde
Et qui fis du chaos naître l'aurore blonde,
Toi qui seul eus l'honneur de tenir dans ta main
Et de pouvoir lâcher ce grand oiseau, Demain,
Toi qui balayas tout, l'azur, les étendues,
Les espaces, chasseur des fuites éperdues,
Toi qui fus le meilleur, toi qui fus le premier,
O peuple, maintenant, assis sur ton fumier,
Racle avec un tesson le pus de tes ulcères,
Et songe.

   La défaite a des conseils sincères ;
La beauté du malheur farouche, c'est d'avoir
Une fraternité sombre avec le devoir ;
Le devoir aujourd'hui, c'est de se laisser croître
Sans bruit, et d'enfermer, comme une vierge au cloître,
Sa haine, et de nourrir les noirs ressentiments.
A quoi bon étaler déjà nos régiments ?
A quoi bon galoper devant l'Europe hostile ?
Ne point faire envoler de poussière inutile
Est sage ; un jour viendra d'éclore et d'éclater ;
Et je crois qu'il vaut mieux ne pas tant se hâter.

Car il faut, lorsqu'on voit les soldats de la France,
Qu'on dise : — C'est la gloire et c'est la délivrance !
C'est Jemmapes, l'Argonne, Ulm, Iéna, Fleurus !
C'est un tas de lauriers au soleil apparus !

Regardez. Ils ont fait des choses impossibles.
Ce sont les bienfaisants, ce sont les invincibles.
Ils ont pour murs les monts et le Rhin pour fossé.
En les voyant, il faut qu'on dise : — Ils ont chassé
Les rois du nord, les rois du sud, les rois de l'ombre ;
Cette armée est le roc vainqueur des flots sans nombre,
Et leur nom resplendit du zénith au nadir ! —
Il faut que les tyrans tremblent, loin d'applaudir.
Il faut qu'on dise : — Ils sont les amis vénérables
Des pauvres, des damnés, des serfs, des misérables,
Les grands spoliateurs des trônes, arrachant
Sceptre, glaive et puissance à quiconque est méchant ;
Ils sont les bienvenus partout où quelqu'un souffre.
Ils ont l'aile de flamme habituée au gouffre,
Ils sont l'essaim d'éclairs qui traverse la nuit.
Ils vont, même quand c'est la mort qui les conduit.
Ils sont beaux, souriants, joyeux, pleins de lumière ;
Athène en serait folle et Sparte en serait fière. —
Il faut qu'on dise : — Ils sont d'accord avec les cieux !
Et que l'homme, adorant leur pas audacieux,
Croie entendre, au-dessus de ces légionnaires
Qui roulent leurs canons, Dieu rouler ses tonnerres !

C'est pourquoi j'attendrais.

*

Qu'attends-tu? — Je réponds :
J'attends l'aube ; j'attends que tous disent : — Frappons !
Levons-nous ! et donnons à Sedan pour réplique
L'Europe en liberté ! — J'attends la République !
J'attends l'emportement de tout le genre humain !
Tant qu'à ce siècle auguste on barre le chemin,
Tant que la Prusse tient prisonnière la France,
Penser est un affront, vivre est une souffrance.
Je sens, comme Isaïe insurgé pour Sion,
Gronder le profond vers de l'indignation,
Et la colère en moi n'est pas plus épuisable
Que le flot dans la mer immense et que le sable
Dans l'orageux désert remué par les vents.

Ce que j'attends ? J'attends que les os soient vivants !
Je suis spectre, et je rêve, et la cendre me couvre,
Et j'écoute ; et j'attends que le sépulcre s'ouvre.
J'attends que dans les cœurs il s'élève des voix,
Que sous les conquérants s'écroulent les pavois,
Et qu'à l'extrémité du malheur, du désastre,
De l'ombre et de la honte, on voie un lever d'astre !

Jusqu'à cet instant-là, gardons superbement,
O peuple, la fureur de notre abaissement,
Et que tout l'alimente et que tout l'exaspère.
Étant petit, j'ai vu quelqu'un de grand, mon père.
Je m'en souviens ; c'était un soldat, rien de plus ;
Mais il avait mêlé son âme aux fiers reflux,
Aux revanches, aux cris de guerre, aux nobles fêtes,
Et l'éclair de son sabre était dans nos tempêtes.
Oh! je ne vous veux pas dissimuler l'ennui,
A vous, fameux hier, d'être obscurs aujourd'hui,
O nos soldats, lutteurs infortunés, phalange
Qu'illumina jadis la gloire sans mélange ;
L'étranger à cette heure, hélas! héros trahis,
Marche sur votre histoire et sur votre pays ;
Oui, vous avez laissé ces reîtres aux mains viles
Voler nos champs, voler nos murs, voler nos villes,
Et compléter leur gloire avec nos sacs d'écus ;
Oui, vous fûtes captifs ; oui, vous êtes vaincus ;
Vous êtes dans le puits des chutes insondables ;
Mais c'est votre destin d'en sortir formidables,
Mais vous vous dresserez, mais vous vous lèverez,
Mais vous serez ainsi que la faulx dans les prés ;
L'hercule celte en vous, la hache sur l'épaule,
Revivra, vous rendrez sa frontière à la Gaule,
Vous foulerez aux pieds Fritz, Guillaume, Attila,
Schinderhanne et Bismarck, et j'attends ce jour-là!

Oui, les hommes d'Eylau vous diront : Camarades!

Et jusque-là, soyez pensifs loin des parades,

Loin des vaines rumeurs, loin des faux cliquetis,
Et regardez grandir nos fils encor petits.

*

Je vis désormais, l'œil fixé sur nos deux villes.

Non, je ne pense pas que les rois soient tranquilles ;
Je n'ai plus qu'une joie au monde, leur souci.
Rois, vous avez vaincu, vous avez réussi,
Vous bâtissez, avec toutes sortes de crimes,
Un édifice infâme au haut des monts sublimes.
Vous avez entre l'homme et vous construit un mur,
Soit, un palais énorme, éblouissant, obscur,
D'où sort l'éclair, où pas une lumière n'entre,
Et c'est un temple, à moins que ce ne soit un antre.

Pourtant, eût-on pour soi l'armée et le sénat,
Ne point laisser de trace après l'assassinat,
Rajuster son exploit, bien laver la victoire,
Nettoyer le côté malpropre de la gloire,
Est prudent. Le sort a des retours tortueux,
Songez-y ; — j'en conviens, vous êtes monstrueux ;
Vous et vos chanceliers, vous et vos connétables,
Vous êtes satisfaits, vous êtes redoutables ;

Vous avez, joyeux, forts, servis par ce qui nuit,
Entrepris le recul du monde vers la nuit ;
Vous faites chaque jour faire un progrès à l'ombre;
Vous avez, sous le ciel d'heure en heure plus sombre,
Princes, de tels succès à nous faire envier
Que vous pouvez railler le vingt et un janvier,
Le quatorze juillet, le dix août, ces journées
Tragiques, d'où sortaient les grandes destinées,
Que vous pouvez penser que le Rhin, ce ruisseau,
Suffit pour arrêter Jourdan, Brune et Marceau,
Et que vous pouvez rire en vos banquets sonores
De tous nos ouragans, de toutes nos aurores,
Et des vastes efforts des titans endormis.
Tout est bien ; vous vivez, vous êtes bons amis,
Rois, et vous n'êtes point de notre or économes;
Vous en êtes venus à vous donner les hommes ;
Vous vous faites cadeau d'un peuple, après souper;
L'aigle est fait pour planer et l'homme pour ramper,
L'Europe est le reptile et vous êtes les aigles ;
Vos caprices, voilà nos lois, nos droits, nos règles ;
La terre encor n'a vu sous le bleu firmament
Rien qui puisse égaler votre assouvissement ;
Et le destin pour vous s'épuise en politesses ;
Devant vos majestés et devant vos altesses
Les prêtres mettent Dieu stupéfait à genoux ;
Jamais rien n'a semblé plus éternel que vous ;
Votre toute-puissance aujourd'hui seule existe ;
Mais, rois, tout cela tremble, et votre gloire triste
Devine le refus profond de l'avenir ;
Car sur tous ces bonheurs que vous croyez tenir,
Sur vos arcs triomphaux, sur vos splendeurs hautaines,
Sur tout ce qui compose, ô rois, ô capitaines,

L'amas prodigieux de vos prospérités,
Sur ce que vous rêvez, sur ce que vous tentez,
Sur votre ambition et sur votre espérance,
On voit la grande main sanglante de la France.

16 septembre 1873.

XI

Le lionceau songeait ; il était tout petit,
Caché, muet, pareil au chat qui se blottit
Loin du soleil, dans l'ombre où les rayons s'émoussent.

Combien faut-il de temps pour que ses ongles poussent ?
Il songeait.

    Laissez-moi vous dire que les rois
Lugubres font le mal, foulent aux pieds les droits,
Les vérités, l'honneur, la vertu, la justice ;
Ils font venir le prêtre afin qu'on rebâtisse
L'enfer dans l'âme humaine où Dieu mit la raison,
Et leurs prospérités sont faites de façon
Que la gloire d'un peuple est la honte de l'autre ;
Leur grandeur dans les tas d'immondices se vautre,
Leurs sceptres aux plaisirs obscènes sont mêlés,
La bauge aux pourceaux plaît à ces paons étoilés ;
Hier, ils souffletaient les nations meurtries ;
Gais, ils jouaient aux dés les robes des patries ;

A celui-ci le Nil, à celui-là le Rhin.
Quand ils ont sur leur front mis leur cimier d'airain,
Rien ne peut modérer leurs fureurs, peu calmées
Par des chansons d'église et des danses d'almées ;
Ils ont on ne sait quel appétit monstrueux
D'être horribles ; ils sont les dragons tortueux,
Les hydres, les passants sinistres de l'histoire ;
Ils ont pour eux le deuil, l'échafaud, la victoire,
Tout ce qui rampe et tremble, et les rires hautains ;
La famine du peuple assiste à leurs festins ;
L'aurore est leur palais, l'ombre est leur forteresse ;
Leur faux pouvoir devant l'éternel Dieu se dresse
Dans toute l'impudeur de sa rébellion ;
Ils sont dorés, ils sont fangeux.

Grandis, lion !

9 octobre 1873, à Paris.

XII

Un grand sabre serait d'utilité publique.
Est-ce qu'il n'est pas temps d'exterminer la clique
Des songeurs, des rêveurs, des penseurs, des savants,
Et de tous ces semeurs jetant leur graine aux vents,
Et de mettre au pavois celui qui nous fait taire,
Et de souffler sur l'aube, et d'éteindre Voltaire !
Qu'attendez-vous ? Oh ! comme il serait beau de voir
Quelque bon vieux tyran faire enfin son devoir,
Couper, tailler, trancher et mettre à vos Molières,
A vos Dantes, à vos Miltons, des muselières !
Nous en avons assez de tous ces bavards-là.
Le mal des hommes vient du premier qui parla.

On va criant : Progrès ! Fraternité ! Courage !
Quel besoin avons-nous de tous ces mots d'orage ?
Jadis tout allait bien pourvu qu'on se tînt coi.
On veut être à présent libre et maître. Pourquoi ?
Liberté, c'est tempête. Il faut qu'un bon pilote
Ramène au port la barque et le peuple à l'îlote.
Il faut qu'un belluaire ou qu'un homme d'état
Bride ce peuple osant commettre l'attentat
De naître, et s'égarant jusqu'à la convoitise
Que montre au lys l'abeille et la chèvre au cytise.
Les révolutions continueront, le bruit
Et le vacarme iront grossissant dans la nuit,
Tant que nous n'aurons pas trouvé ce politique.
Reprenons l'ancien temple et l'ancienne boutique ;
Revivre le passé nous suffit. Que veut-on ?
A quoi sert Diderot ? à quoi rime Danton ?
Pourquoi Garibaldi trouble-t-il la Sicile ?
Votre progrès n'est rien que fatigue imbécile !
Quelle rage avez-vous de marcher en avant ?
Trop de tumulte sort de l'homme trop vivant.
L'esprit humain, longtemps calme et sombre, s'agite :
Ne serait-il pas bon qu'on fît rentrer au gîte
Et qu'on remît sous clef et qu'on paralysât
Ce monstre secouant sa chaîne de forçat ?
Quoi ! la mouche, autrefois loyale et résignée,
Manque au respect qu'on doit aux toiles d'araignée !
Elle tente d'y faire un trou pour s'échapper !
La plèbe ose exister, gouverner, usurper !
Quoi ! la vérité sort ! la raison l'accompagne !
Vite, rejetons l'une au puits et l'autre au bagne !
Pour quiconque ose aller, venir, briser l'écrou,
L'enfer est un cachot avec Dieu pour verrou.

Qu'on y rentre. O révolte affreuse ! Quel désordre
Que tous ces ouragans lâchés, tâchant de mordre,
Se ruant sur l'autel, sur la loi, sur le roi !
Oh ! quel déplacement tragique de l'effroi !
L'inexorable pleure et les terribles tremblent ;
Les vautours effarés aux passereaux ressemblent.
Deuil ! horreur ! regarder surgir de tous côtés
Un tas de vérités et de réalités,
Voir leur flamme, et songer que peut-être chacune
Apporte on ne sait quelle effrayante rancune
Et, rayonnante, vient au monde reprocher
Le sceptre, l'échafaud, le glaive et le bûcher !
Oh ! tant qu'on n'aura pas mis hors d'état de nuire
Tout ce qui veut créer, chauffer, féconder, luire,
Tant que le vieux bon ordre encourra le péril
De voir brusquement naître un formidable avril,
Tant qu'il sera permis aux folles plumes ivres
De porter les oiseaux et d'écrire les livres,
Tant qu'un homme qui dit : J'ai faim ! pâle, priant,
Pensif, fera blanchir vaguement l'orient,
Tant que le ciel complice aura la transparence
Qui laisse distinguer aux pauvres l'espérance,
Tant que le va-nu-pieds se croira citoyen,
Je suis de votre avis, bourgeois, aucun moyen
De dormir en repos, et nul coin de navire
Où l'on puisse être seul sauvé quand tout chavire.
O terreur ! tout s'éclaire ! il est temps d'en finir.
Qui sauvera le monde en péril d'avenir ?
Caïn pleure, Judas gémit, Phalaris souffre.
Oh ! qu'il serait urgent d'arrêter net le gouffre
En pleine éruption de lumière, et la paix,
Le progrès s'évadant des nuages épais,

La science, et, montant là-haut vers le solstice,
L'âme, et cette blancheur céleste, la justice !
Et comme on ferait bien de mettre à la raison
Les astres se levant en foule à l'horizon !

1873.

XIII

AUX HISTORIENS

*

Soyez juges, soyez apôtres, soyez prêtres.
Dites le vrai. Surtout n'expliquez pas les traîtres !
Car l'explication finit par ressembler
A l'indulgence affreuse, et cela fait trembler.
Ne me racontez pas un opprobre notoire
Comme on raconterait n'importe quelle histoire.

Quelle est la quantité d'assassinats permis ?
Jusqu'où peut-on s'entendre avec les ennemis ?
Jusqu'où peut-on couper la gorge à la patrie ?
L'épaule de Raguse est-elle trop flétrie ?

Dupont mérite-t-il tout ce qui l'accabla ? —
Non, non, je ne veux point de ces recherches-là !
Je frémis, la rougeur au visage me monte,
Voilà tout. Je veux être un ignorant de honte.
Je veux rester stupide et furieux devant
Les coups du sort, les coups de mer, les coups de vent,
Auxquels vient s'ajouter le guet-apens d'un lâche.
Je prends le crime en bloc. Qui me calme, me fâche.

Non, l'histoire n'est point un lavage d'égout.
Historiens, ayez les traîtres en dégoût,
Ne rôdez point avec vos lampes dans leur cave ;
Ne dites pas : Pourtant ce lâche était un brave !
Ne cherchez pas comment leur forfait se construit
Et s'éclaircit. Laissez ces monstres à la nuit.
Où donc en serions-nous si l'on s'expliquait l'homme
Qui tel jour a livré Paris ou trahi Rome !
Discuter, c'est déjà l'absoudre vaguement.

Quoi ! vous alléguerez ceci, cela ; comment
Il se fait qu'on devient ce misérable étrange ;
Quoi ! vous m'expliquerez le pourquoi de la fange !
Vous me ferez toucher du doigt que le soldat
Ayant le fier devoir de mourir pour mandat
A pu vendre le peuple et la France et l'armée ;
Qu'il a pu devenir, souillant sa renommée,
Transfuge, sans nausée et sans rébellion ;
Et qu'un renard était dans la peau du lion !
Vous aurez pour ces faits, dont l'effroi me pénètre,
Des prétextes, qui sait ? et des motifs peut-être !

AUX HISTORIENS.

Non, je n'ai pas l'humeur d'écouter vos discours
Quand notre vieil honneur m'appelle à son secours,
Quand le malheur public sous ma fenêtre passe.
Si l'abject traître vient me demander grâce,
Je suis d'airain, je suis sourd, aveugle et muet ;
J'aurais horreur de moi si mon cœur remuait !

Il ne me convient pas, sachez-le, de comprendre
Qu'un homme, ayant l'épée en main, ait pu la rendre ;
Je ne veux pas savoir si ce gueux se méprit ;
Il ne me convient pas de mettre en mon esprit
L'itinéraire affreux que suit le parricide ;
Je ne veux pas qu'un grave écrivain m'élucide,
Avec faits à l'appui, groupés et variés,
Le cerveau de Clouet, le cœur de Dumouriez.
Ma strophe est l'euménide et je poursuis Oreste.
Meurtrier, c'est assez. Ce mot dit tout. Le reste
Est inutile, et peut être nuisible. Il faut
Que Juvénal arrive et dresse l'échafaud
Et qu'Eschyle, dieu noir, justicier olympique,
Frappe le traître avec le plat du glaive épique.

Lorsqu'un fourbe exécré du peuple qu'il perdit,
Un marchand de patrie et d'honneur, un bandit,
Vous prend pour avocats, ô penseurs, lorsqu'il ose
Vous porter son dossier, vous charger de sa cause,
Je suis content de vous si votre plaidoyer,
Justes historiens, consiste à foudroyer.

★

Toute explication d'un monstre l'atténue ;
Je veux la perfidie immonde toute nue.
Le scélérat montré sans voile à tous les yeux
Donne un frisson meilleur et m'épouvante mieux.
Pour de certains forfaits clémence est connivence.
Quand dans l'intérieur d'un grand crime j'avance,
Quand dans l'ombre un cadavre auguste est découvert,
Quand il s'agit du flanc de ma mère entr'ouvert,
Quand l'impur ouvrier d'une exécrable trame,
Monk livrant un pays, Deutz livrant une femme,
Coriolan, Leclerc, Pichegru, m'apparaît,
Quand j'entre dans cette âme et dans cette forêt,
Je tremble, et je veux être, à cette approche noire,
Averti par le cri terrible de l'histoire.

Devant l'affront, devant le traître à son pays,
O deuil ! devant les champs paternels envahis,
Devant le râle affreux des cités violées,
Devant le sang versé pour rien dans les mêlées,
Si facile qu'on soit au pardon, non ! jamais !
Il faut punir ! — Devant Baÿlen, devant Metz,
C'est pour la France en pleurs que notre cœur se serre.
La lapidation publique est nécessaire.

AUX HISTORIENS.

Aux pavés, tous ! frappons ! et que l'écrasement
Du bandit soit sous l'ombre et les pierres fumant !
Pas de grâce ! il faut être ou vengeur ou complice ;
Et quiconque n'est pas du crime est du supplice.
Hélas !

   Ce que je veux tuer, ce n'est pas lui,
C'est son crime. Cet homme a failli, s'est enfui,
A tout perdu !

      Pour l'âme épouvantable et vile,
Pour celui qui livra la porte de la ville,
Qui donna ses soldats comme on donne un troupeau,
Qui poignarda la gloire et vendit le drapeau,
Pour cet homme de deuil, de mensonge et de ruse,
Les sombres firmaments n'admettent pas d'excuse.

Après que, dans un siècle, où tout semble effacé,
Un si lâche assassin de l'honneur a passé,
On ne tient plus à vivre, on ne sait plus que croire ;
Et la vertu, la foi, la probité, l'histoire,
Sont comme des rayons dans la mer engloutis.

Si l'on voulait mêler cet homme à ses petits,

La tigresse serait indignée et confuse ;
La fauve honnêteté des antres le refuse
Et ne lui donne point dans les bois frémissants
Place parmi les loups hideux, mais innocents ;
Et toute la nature, étant une patrie,
Abhorre, en sa sauvage et fière rêverie,
Le fourbe autour duquel Satan vient chuchoter.
L'astre des cieux n'est pas d'avis qu'on puisse ôter
Sa honte à ce damné dont Caïn est l'ancêtre
Et veut le voir infâme après l'avoir vu traître.

Ne faisons point douter les hommes ; laissons-leur
L'horreur du meurtrier, du menteur, du voleur ;
Ne troublons pas en eux la notion du juste ;
Faisons luire à leurs yeux la certitude auguste.
L'héroïsme est un ciel, l'honneur est un azur ;
Si vous livrez le peuple au scepticisme obscur,
Il ne sait plus quelle est la lueur qui le mène ;
Alors tout flotte ; alors la conscience humaine
A des blêmissements pires que la noirceur.

L'esquif dans l'eau diffuse a son avertisseur,
La boussole ; il navigue ; et les hommes ont l'âme.
Laissez-leur ce conseil, laissez-leur cette flamme ;
La droiture est leur pôle et le devoir leur nord ;
La flotte en pleine mer et le peuple en plein sort,
La vie étant brumeuse et l'ombre étant profonde,
Ont besoin, dans la vaste obscurité de l'onde,
L'une de voir l'étoile et l'autre de voir Dieu.
Dieu, c'est la vérité rayonnant au milieu

Des ténèbres, du doute et de l'idolâtrie ;
Et, quand les ennemis sont là, c'est la patrie.

Pour qui vend son pays, ciel noir, pas de pitié !

Ah ! ne partageons point le crime par moitié
Entre le hasard louche et l'homme misérable !
Pas de grâce ! Imitons l'abîme vénérable
Qui ne se laisse pas détourner de son but.
Tout forfait doit payer au châtiment tribut ;
La justice est la loi, la loi que rien ne touche ;
La peine a pour épée une flamme farouche ;
Le glaive de cet ange horrible est sans fourreau.
Pas plus que le hibou ne devient passereau,
Pas plus que le corbeau ne se change en colombe,
Un perfide ne peut être un juste, et la tombe
Pose et ferme à jamais son couvercle sur lui.

Les peuples, dont l'honneur est le seul point d'appui,
Veulent que le destin sur ce monstre exemplaire
Jette une catastrophe égale à leur colère ;
Il convient que Judas ait Judas pour bourreau ;
J'approuve le boulet qui terrassa Moreau
Et qui fut ce jour-là ressemblant au tonnerre.

*

Tout cet inattendu formidable où l'on erre,
Qu'on nomme histoire, où l'ombre a le ciel pour reflet,
C'est l'océan, tremblant, terrible, et, bien qu'il ait
De vagues mouvements de berceau, c'est le gouffre.
L'homme en ces profondeurs travaille, cherche, souffre,
Et l'espérance vole en avant, doux oiseau !
O pilote démon qui trahit le vaisseau !
Malheur au matelot monstrueux qui se traîne
Et fait avec sa vrille un trou dans la carène
Quand le navire lutte en proie aux aquilons !

Historien, soyez implacable aux félons.
Je me sens inclément quand la patrie expire ;
Je ne hais point la mort, trouvant la honte pire ;
Je ne suis pas sévère et terrible à demi ;
Lorsqu'il s'agit de mettre en fuite l'ennemi,
J'exige la fureur, l'effort, la réussite !
Vous tenez le stylet tragique de Tacite,
Eh bien, soyez farouche et dur. Il me déplaît
Que le narrateur fasse un détail trop complet
De la difficulté de combattre, et calcule
Complaisamment le lieu, l'heure, le crépuscule,
La distance, le temps de marcher au canon ;

Si les soldats étaient bien disposés ou non ;
S'il n'était point venu d'ordre contradictoire.
Je n'aime pas entendre ainsi parler l'histoire ;
Et ce tas d'arguments, de motifs, de raisons,
C'est l'encouragement sinistre aux trahisons.
La plaidoirie est sombre et l'excuse est malsaine.
Ah ! vous semez Grouchy ? vous récoltez Bazaine !

15 janvier 1875.

XIV

LA QUESTION SOCIALE

Non, non, non ! ce n'est point par la ruse, vous dis-je,
Que vous aurez raison du gouffre et du prodige ;
Les ouragans ne sont en rien déconcertés
Par nos expédients et nos habiletés ;
Non, je ne pense pas que l'aquilon s'apaise
Par égard pour Blondin flottant sur son trapèze,
Ni qu'un homme d'état fasse peur à l'éclair
A force de danser sur une corde en l'air ;
Le tonnerre n'est pas un chien hargneux qui boite
Et que nos coups de fouet font rentrer dans sa boîte.
Jésus-Christ, tel qu'il est dans saint Luc et saint Marc,
Voyait la politique autrement que Bismarck
Et voyait la justice autrement que Delangle ;

A l'homme qu'on assomme, à l'homme qu'on étrangle,
Il prodiguait les soins du bon samaritain ;
Si des vaincus tâchaient d'échapper au destin,
Son temple offrait l'asile à leur fuite tragique ;
Si bien qu'on l'aurait, certe, expulsé de Belgique.

O mer, à ton niveau fatal tu monteras.
Il n'est pas d'empereurs et pas de magistrats,
Il n'est pas de trident, gouffre, il n'est pas de conque,
Qui puissent à ton flot faire un effet quelconque ;
L'abîme est la demeure orageuse de Dieu ;
On ne calmera pas cet effrayant milieu
Quand même on enverrait des nymphes ingénues
Rire, et jusqu'au nombril s'y montrer toutes nues.
Ce profond océan, le genre humain, connaît
L'instant où le jour meurt, l'heure où l'étoile naît ;
Il a sa loi, le flux et le reflux, l'espace,
Il voit le fond de l'ombre où Léviathan passe ;
Il croît sur une plage et sur l'autre il décroît ;
Son équateur bouillonne et ses pôles ont froid ;
Mais il n'écoute pas monsieur Rouher ; il reste
Le vaste flot, tantôt joyeux, tantôt funeste,
Apre, énorme, impossible à dompter, y mît-on
Bonaparte en Neptune et Devienne en Triton.

Peuple, en ton chaos, noir parfois d'écume immonde,
Le douteur ne voit rien, le penseur trouve un monde.
Tu montes, tu descends, tu remontes ; tu n'as
Ni portes, ni verrous, ni clefs, ni cadenas ;

Tu vas dans l'infini, liberté formidable !
Dieu te fait navigable et te laisse insondable ;
Le sceptique te jette en vain son fil à plomb ;
Mer fermée à Pyrrhon, tu t'ouvres à Colomb !

———

XV

O ses amis d'hier, pas d'aujourd'hui, qu'il trouve
La prudence pour vous bonne et qu'il vous approuve,
Cela doit vous suffire. Il dit : Reniez-moi,
Et sourit. Il poursuit sa route sans émoi ;
Il faut bien que le cœur des hommes se révèle.

Croyez-vous que ce soit une chose nouvelle
Pour lui, qui reste droit lorsqu'on est à genoux,
De tenir tête aux sots, aux furieux, à vous?
Quand Bonaparte était le maître de la terre,
Devant ce tout-puissant il fut le solitaire.
Braver, lutter, souffrir, ne sont-ce pas ses mœurs?
N'a-t-il pas l'habitude ancienne des clameurs?

N'a-t-il pas, du sommet d'un roc dans les nuées,
Vu vingt ans à ses pieds écumer les huées?
Vingt ans, couronne au front, l'empire n'a-t-il point
A cet homme pensif, d'en bas, montré le poing?
Il avait l'œil hagard des antiques prophètes.
Alors comme aujourd'hui c'était un fou. Donc, faites.
Adieu. Ce qu'il promit, il le tient maintenant,
Et, c'est trop fort, il est fidèle, il est gênant.
Reniez-le. Tournez du côté de l'injure.
— Tout doit finir. La vie est-elle une gageure?
L'entêtement d'un seul est un reproche à tous.
Le devoir des lions est de vieillir toutous ;
Les vents époumonés ont dégonflé leur outre,
Pourquoi s'obstine-t-il, cet homme? Passons outre. —

C'est bien, il reste seul. L'ombre est devant ses pas.
Il connaît le désert et ne s'en émeut pas.
Il s'évanouira de nouveau dans l'abîme.
Soit.

  Mais, toutes les fois que pour commettre un crime
Les ennemis publics se feront signe entre eux ;
Peuple, toutes les fois qu'un homme désastreux
Dressera contre toi quelque embûche à sa guise;
Toutes les fois qu'un bruit de couteau qu'on aiguise
Se mêlera sinistre au tumulte confus
Des noirs événements pareils aux bois touffus;
Chaque fois qu'un vaisseau partira pour Cayenne;
Chaque fois que Paris, la ville citoyenne,
Sera livrée au sabre, et que la liberté
Sentira quelque pointe infâme à son côté ;

Documents manquants (pages, cahiers...)
NF Z 43-120-13

DE LA PAGE 327
A LA PAGE 334

		Pages.
V.	Destruction de la colonne........................	267
VI.	L'orgie des meurtres...........................	273
VII.	Victoire de l'ordre............................	277
VIII.	A un roi de troisième ordre....................	281
IX.	Alsace et Lorraine.............................	285
X.	La libération du territoire....................	293
XI.	Le lionceau songeait; il était tout petit......	305
XII.	Un grand sabre serait d'utilité publique.......	307
XIII.	Aux historiens.................................	311
XIV.	La question sociale............................	321
XV.	O ses amis d'hier, pas d'aujourd'hui,..........	325

13711. — Imprimeries réunies A, rue Mignon, 2, Paris.

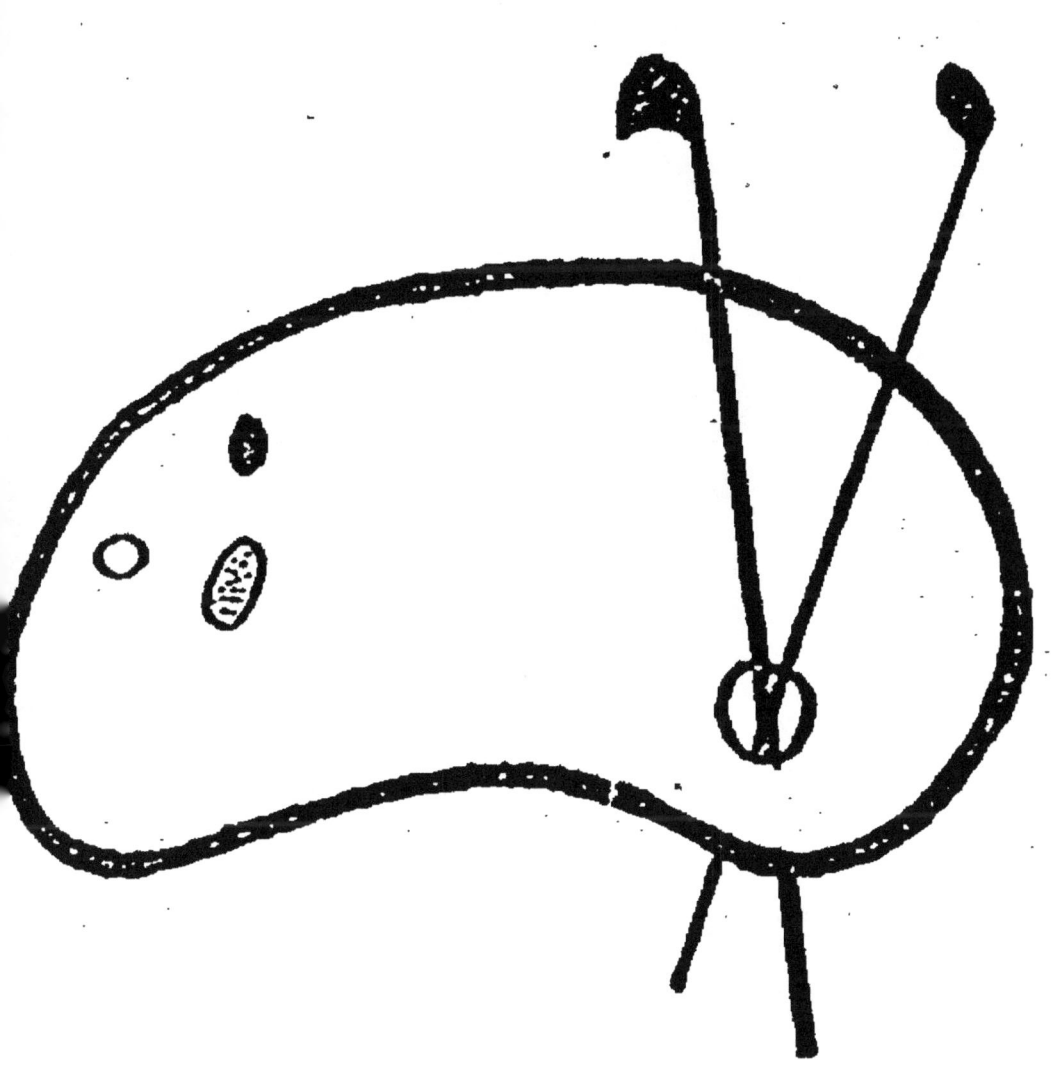

ORIGINAL EN COULEUR
NF Z 43-120-8

www.ingramcontent.com/pod-product-compliance
Lightning Source LLC
Chambersburg PA
CBHW062008180426
43199CB00033B/1519